现代社会秩序之源
——制度认同论纲

王结发 ◎ 著

XIANDAI SHEHUI ZHIXU ZHI YUAN
ZHIDU RENTONG LUNGANG

河海大学出版社
HOHAI UNIVERSITY PRESS
·南京·

图书在版编目(CIP)数据

现代社会秩序之源：制度认同论纲 / 王结发著. 南京：河海大学出版社, 2024.5. -- ISBN 978-7-5630-9115-7

Ⅰ.D03

中国国家版本馆CIP数据核字第2024M9P568号

书　　名	现代社会秩序之源——制度认同论纲
书　　号	ISBN 978-7-5630-9115-7
责任编辑	杜文渊
特约校对	李　浪　杜彩平
装帧设计	徐娟娟
出版发行	河海大学出版社
地　　址	南京市西康路1号（邮编：210098）
电　　话	（025）83737852（总编室）
	（025）83722833（营销部）
经　　销	江苏省新华发行集团有限公司
印　　刷	广东虎彩云印刷有限公司
开　　本	710毫米×1000毫米　1/16
字　　数	160千字
印　　张	9.25
版　　次	2024年5月第1版
印　　次	2024年5月第1次印刷
定　　价	59.00元

目 录

第一章 绪 论 ·· 1
  一、研究问题 ·· 1
  二、制度认同何以成为一个问题 ···························· 4
  三、现代社会制度认同的价值 ······························ 7
  四、研究概述 ··· 12
  五、研究设计 ··· 17

第二章 制度认同的基本理论 ································· 22
  一、制度认同的内涵 ····································· 22
  二、制度认同的生成逻辑 ································· 30
  三、制度社会认同的影响因素 ··························· 40
  小 结 ·· 45

第三章 制度认同的制度之维 ································· 47
  一、制度公意化如何可能 ································· 47
  二、公共协商与信息对称化 ······························ 61
  三、政治民主与制度绩效 ································· 70
  小 结 ·· 76

第四章 制度认同的认识之维 ································· 78
  一、塑造规范性期待的功能 ······························ 78
  二、建构认识性期待的功能 ······························ 86
  三、意识形态功能的限度 ································· 92

四、意识形态工作的价值和限度：一个实例分析 …………… 96
　　小　结 …………………………………………………… 106

第五章　制度认同的主体之维 ……………………………… **108**
　　一、现代性的自我理解 …………………………………… 108
　　二、主体间性与制度认同 ………………………………… 118
　　三、公民素质与制度认同 ………………………………… 126
　　小　结 …………………………………………………… 134

结束语 …………………………………………………………… **136**

参考文献 ………………………………………………………… **139**

第一章 绪 论

一、研究问题

新冠疫情流行期间，一些在平常状态下"隐匿"的问题凸显了出来，制度认同问题就是其中之一。① 政府和立法部门制定的公共政策、行政法规和法律等具有普遍约束力的行为规范，是现代社会秩序的主要建构性力量。然而，这里必须具备一个前提条件，即以各种制度获得社会认同为前提，否则，建构秩序的制度则可能反过来成为引发社会冲突的导火索。

2022年1月份，新冠疫情在全球持续肆虐。欧洲及美国的新增病例不断攀登新高。到1月11日，欧洲新冠肺炎确诊病例已累计超过1亿例（当时欧洲总人口约7.4亿），超过全球确诊病例的三分之一。美国也连续多日单日新增病例都在70万例以上，日均新增死亡病例在1500例左右。因此，为了应对复杂严峻的疫情形势，美国、英国、法国、德国、比利时等欧美国家都出台了更为严苛的疫情防控政策。比如，美国政府出台了强制接种疫苗的相关政策，英国

---

① 本书中所讨论的制度，主要是指人为制定的正式制度，主要涉及公共政策、行政法规和法律等具有普遍约束力的行为规范。

· 1 ·

政府延长了包括强制戴口罩等措施在内的《应对新冠疫情：秋冬计划》B计划，法国通过法案明确把完整接种疫苗作为进入公共场所的唯一标准，德国政府制定的新的防疫政策则将多个关键基础设施部门引入新的检疫和隔离规定之中，奥地利出台了强制公众完整接种疫苗的政策……

然而，随着欧美国家制定的疫情防控法律、政策的实施，欧美国家都出现了一系列大规模抗议游行活动，人们以此表达对各种防疫政策的反对。

2022年1月17日，一度被称为欧洲防疫"模范生"的德国，反防疫政策抗议活动也频繁上演，甚至有些学校的教师都遭到反防疫威胁。图林根州、巴伐利亚州、梅前州等多个地区同时发生抗议活动，据统计，抗议者人数超过7万人，甚至还有一些"反疫苗、反封锁"的示威群众向学校、教师和政府部门发送了威胁信息和信件，许多教师也因为支持政府防疫措施而遭到威胁和攻击。

1月19日，荷兰数百人聚集在鹿特丹市中心，高达上千之众的抗议者在街上纵火和燃放烟花，甚至向警方车辆投掷石块，至少1辆警车被纵火者点燃。

1月20日，奥地利首都维也纳，约4万人走上街头，他们反对政府刚宣布的全国范围"封禁"举措。

1月23日，比利时爆发大规模抗议活动，多达5万名示威者走上首都布鲁塞尔街头，对政府实行的健康通行证等防疫政策进行反对抗议，一些示威者还与警察发生暴力冲突，他们手拿投掷物，砸向欧盟对外机构的大门，欧盟下属机构办公室也遭到示威者袭击。

1月23日，高达数万名示威者来到美国华盛顿，这些抗议群众大多都没有佩戴口罩，他们举着各种反对接种疫苗和防疫举措的标牌，大声喊着"不要服从""自己做主"等抗议口号，从华盛顿纪念碑一直游行到林肯纪念堂，强烈反对美国政府有关防疫举措。

……

当然这种现象并不仅存于欧美国家，其他许多国家也都不同程度存在着这种现象。

欧美国家制定的防疫政策和法律，本来是为了保护广大人民群众的生命财产安全的，结果却成了引发公众抗议示威的导火索，像这样因制定新的公共政策和法律而引发的社会冲突的事件在现代政治实践中经常会发生。制定公共政策、行政法规和法律等具有普遍约束力的制度，是为了解决特定问题、建构社会秩序的，如何才能使其避免成为社会失序的诱因呢？这就是本书致力于研究的问题，我们把它称为制度认同问题。一项人为制定的制度只有获得社会认同，才可能发挥秩序建构的作用。反之，则可能诱发社会不稳定，毕竟每项制度都会涉及人们的利益实现和价值承认。

任何一种外在实施的行为规范，即制度（包括法律、公共政策以及各种规章和条例），只有得到社会大众的认同，才能成为人们自觉自愿遵守的行为指南。而且制度适用范围越普遍，制度认同问题就越发凸显。古德诺说，制度作为"一种行为准则……如果得不到执行，实际上就什么也不是，只是一纸空文"[1]。制度的生命在于实施，但如果一种制度不被社会成员认同而强制执行的话，那么不但会增加其执行成本，而且还会使社会矛盾不断积累起来，进而影响社会稳定，将社会置于紊乱和动荡之中，最终可能危及政治统治的合法性，甚至引发政治革命或社会革命。因为不被社会成员所认同的制度始终是一种统治性的、"奴役性"的外在力量。正如黑格尔在批判实定法权时所言，国家的现行法律的知识虽然可以告诉我们被强制推行的东西是什么，但它不能充分说明在制定法律法规的时候，在我们靠它来改变或批判各种法律和制度的选择行为里面，是什么东西在起作用。制度的权威来自人们的认同。[2] 当今的政治实践越来越证明：各种不被社会认同的制度，不仅不能协调人们之间的关系、发挥

---

[1] ［美］弗兰克·J.古德诺：《政治与行政》，王元、杨百朋译，华夏出版社1987年版，第14页。
[2] 参见［德］黑格尔：《法哲学原理》，范扬、张企泰译，商务印书馆1961年版，序言第14-15页。

社会整合的作用，相反，还可能激化社会矛盾，成为社会冲突的导火索。

只有获得了社会认同的制度，人们才会自觉地遵从它，积极履行和承担其规则性的责任；虽然通过强力的作用也可以把制度化的责任强加于人，但不被人们认同的制度，其责任始终只能是一种外在的负担，人们就可能采取机会主义的行为策略应对，抑或可能公开地抵制它。

二、制度认同何以成为一个问题

自进入文明社会以来，人类就一直生活在制度之中，为什么只有进入现代社会，制度认同才成为一个极其重要的问题呢？这主要是因为：

首先，"人民主权"原则成为现代政治的主导原则。人为创制的制度，是国家权力的现实化。因此，如果国家权力从属于某个人或某个集团的话，那么国家权力的具体运作就必然只是为某个人或某个集团的利益服务，其他人的利益则处于从属地位，或只具有附带的意义。在这种情形下，各种制度的创制，即权力的现实化，最为关注的问题就不可能是能否获得社会成员的认同，或者说社会成员是否认同并不具有根本重要的影响。例如，在奴隶社会和封建社会，任何一种社会制度的创制都旨在谋求统治阶级的最大利益，尽管也会考虑被统治阶级的一些诉求，但只会以一种虚假承诺的方式，被统治阶级对于统治阶级而言仅仅具有工具性价值，他们的各种诉求是不可能得到平等对待的。因为统治阶级不可能为了获得被统治阶级的认同而牺牲自己的利益。只有当"人民主权"成为政治的根本性承诺和社会的普遍价值诉求时，即人民是国家权力的所有者、所有社会成员都是平等和自由的主体，每个人拥有着不可通约的存在价值，即便只是在形式上（如资本主义社会）承认这一点，从而任何一种制度的创制，都是作为公民集体性自治权力的一种运用，它应该谋求的就只能是社会的"公共善"。这样就建构出了一种制度评判的规范性尺度，即公共权力的现实化是否背离了社会的"公共善"而沦为谋取特殊利益的工具、每个人的正当权利是否得到公正对待。正是这种规范性尺度，构成了制度认同的制度性条件。

其次，自主意识的觉醒是制度认同问题形成的内在条件。马克思说："我们越往前追溯历史，个人，从而也是进行生产的个人，就越表现为不独立，从属于一个较大的整体……"①在人类社会发展的早期阶段，个体总是从属于特定的群体，个体没有独立自在的意义和价值。从18世纪开始，随着"市民社会"的发展，独立自在的个体才开始被发现，社会联系的各种形式才表现为达到他私人的目的，"每个人都是目的"取代（或者说瓦解）"社会是终极目的，个体只是手段"的价值信念。当人处于附属性的被动存在者地位时，他只是个"外在授权"的臣服者，该做什么或不该做什么，其最终的理由并不在自己，而是来自外在的授权者，但随着生产社会化和分工深化，个体"有关特定时空之情势的知识"在市场中获得巨大成功，②使那一度作为"外在授权"的行为主体就逐渐演变成"内在授权"的行为主体，每个行为者成为自己行为的内在立法者和裁判者，不再无条件地从属于任何外在的权威。正如黑格尔所说："对于这个自我，一切约束都被撕破了，他只愿在自我欣赏的环境中生活着。"③任何一种人为创制的社会制度，从本质上来说，都是行为的规范性和限制性因素，规定着特定情景下什么样的行为是社会所允许的，什么样的行为是受限制的。这样，行为内在的个体理由和外在的公共理由之间就可能产生不一致甚至相互抵牾的情形。当这种情况发生的时候，如果没有一个让行为者确信的理由来消弭此差

---

① 《马克思恩格斯全集》第30卷，人民出版社1995年版，第25页。
② 哈耶克在《知识在社会中的运用》一文中，深刻揭示了社会发展的真正源泉在于知识的增长，知识生产活动正是人的主体性的彰显方式，因为意识活动本质上乃是知识生产活动，每个个体的人天然地都是"有关特定时空之情势的知识"的生产者。参见 Friedrich A, Hayek: "The Use of Knowledge in Society", in The American Economic Review, Vol. XXXV, No. 4, September, 1945, pp.519-530.
③ 转引自［德］哈贝马斯:《现代性的哲学话语》，曹卫东等译，译林出版社2004年版，第22页。

距，建基于这种公共理由之上的制度就可能得不到他的认同。可见，具有自主意识的个体形成以后，任何一项制度都只有经过公民个体"理性法庭"的审判，才可能得到认同。由此可见，从而现代性的自我意识觉醒已成了制度认同问题形成的一个重要原因。

最后，现代社会的价值多元化和利益诉求多样化是制度认同问题形成的社会条件。在现代社会，人们不但利益诉求多样化，而且秉持不同的宗教的、哲学的、道德的等完备性的理性学说，从而使价值取向多元化，这是社会进步的表征。问题是，不同利益诉求之间存在不可通约的可能性，毕竟"人们奋斗所争取的一切，都同他们的利益有关"①；不同的价值取向之间也可能互不兼容甚至彼此对立，因为价值之所以是价值，是由人的选择而非它自身的某种客观的固有性质所决定的。它们存在于人的内心，它们是人愿意自由选择并愿意为之生、为之奋斗、为之死的东西。②外在于我们的任何价值，无论它是什么，多么崇高、多么有效，如果只是他人强加给我们的且不被接受，那么它就是一种强制力量。人们信奉什么，并不是因为对象有价值或者具有合理性，而是信奉使对象变得有价值、变得具有合理性，因为信奉什么是个人的自由选择。若要漠视和牺牲一种价值，其实质就是漠视和牺牲信奉它的人。不同的利益诉求和价值取向构成人类行为的主观意义系统。那么，一种统一的、具有刚性约束力的社会行为规范如何才能契合所有社会成员的要求呢？因为没有任何一项制度可以满足各种利益要求、契合各种价值取向，从而就使制定出来的每一项制度都被置于被批判和质疑的地位，其合理性就成为需要得到澄清的一项艰巨任务。可见，现代社会价值多元化和利益诉求多样化是制度认同问题形成的社会性条件。

---

① 《马克思恩格斯全集》第1卷，人民出版社1956年版，第82页。
② [英]以赛亚·伯林：《浪漫主义的根源》，亨利·哈代编，吕梁等译，译林出版社2011年版，第75—77页。

以上三个方面的原因,当然不只有这三个方面,使得制度认同问题在现代社会日益显现:只有制度获得认同,人们才会把外在要求或社会的要求转变为自己的要求,即便面临不利条件,也会积极遵守制度规范、履行相关责任。反之,即便面临各种严苛的惩罚,人们也只可能以机会主义的方式对待它。

三、现代社会制度认同的价值

在现代社会,制度认同有着极其重要的意义:从微观上来说,制度认同关乎社会成员是否真正得到平等对待以及个人价值诉求是否能够实现;从宏观上来说,制度认同不仅影响着社会的向心力和凝聚力、社会稳定与社会秩序的建构,甚至关乎政治统治的社会基础和合法性。接下来,我们集中阐明制度认同对于现代社会政治合法性具有的重要意义。[①]

哈贝马斯认为,政治合法性取决于社会成员的认同。这是一个广为接受的观点,然而,如果要明确政治合法性的具体来源,就必须进一步澄清"认同什么"这个问题。在我们看来,正是由于不同社会对于这个问题有着不同看法,才使得它们政治合法性的来源各不相同。现代社会是一个民主、法治的社会,政府和公民之间的关系主要是经由非人格化的制制作为中介来实现的,它们不但规范和约束着人们的行为,而且影响着每个社会成员切身利益的获得和价值实现,以及社会成员之间的相互关系。因此,在现代社会,作为公民集体性自治的公共权力的现实化——各种具有普遍约束力的制度——能否获得社会成员的认同,将构成政治(统治)合法性的基础。

韦伯关于政治合法性的经典研究,可以为我们的讨论提供一个有利基础。在韦伯看来,合法性乃是秩序的一种性质,也就是对行为起支配作用或者起码

[①] 王结发:《制度认同与政治合法性》,载于《行政与法》2014年第5期。

是行动可以（或必须）据以确定自己取向的一个规范体系的性质。①政治（统治）的合法性在于"被统治者的主观接受性"。他说：

"统治者或统治者们的明确意志（命令），旨在影响某个人或更多的其他人（被统治者）的行动，而且在实际上，也确实以如下方式影响着这种行动，即在某种相关的社会程度上，他们的行动就好像被统治者们已将命令的内容当作是行动的准则，是出于自身的缘故。"②

在这段颇为复杂的陈述中，隐含了韦伯关于政治合法性的基本观点，即统治者的意志或行动是否能够与被统治者的主观接受性相契合。如果统治者的意志或行动被社会成员看成是他们"自身的缘故"，那么，统治者的统治权威性就会因其取得被统治者的认同而具有合法性。否则，统治者的地位和权威就会受到质疑，统治也就不稳定。

传统影响着行为习惯和情感取向，是人们主观接受性的一个构成要素，因为"人们会把传统当做理所当然的东西加以接受，并认为去实行或去相信传统是人们该做的唯一合理之事"③。因此，传统依然对现代政治的合法性具有重大影响，但是现代社会是个理性化的社会。"理性化"，按照韦伯的理解，就是对行动的组织，旨在最大程度地实现各种目标——不管它们是计划着其行动进程的单个人的行动，还是一大批个人的行动——以根除那些按照预期后果来看没有道理的决定，这些后果本身又是从更一般的目标来评价，并可以通过一般有效的经验法则加以预测。当自给自足的经济被纳入世界性的劳动分工和国际市场之中时，依靠类似的生活方式、共同的认同感和共同的传统形成的身份群体遭到解构，代之以理性化市场建构而成的、依据自身利益合理行动的行动者身

---

① 参见［美］塔尔科特·帕森斯：《社会行动的结构》，张明德等译，译林出版社2008年版，第655页。

② 转引自［美］莱因哈特·本迪克斯：《马克斯·韦伯思想肖像》，刘北成等译，上海人民出版社2007年版，第236页。

③ ［美］E.希尔斯：《论传统》，傅铿等译，上海人民出版社1991年版，第17页。

份。这样，传统之于政治合法性的意义就与其在传统社会中完全不同：传统的控制愈丧失，依据于地方性与全球性的交互辩证影响的日常生活愈被重构，个体也就愈会被迫在多样性的选择中对生活方式的选择进行讨价还价，从而消解传统型统治的合法性基础。

首先，任何未经理性批判的传统性规范，都不可能成为构成现代政治合法性的来源，也就是说，"传统"本身不构成规范性的来源，只有从属于目的合理性的"传统"才具有存在的价值，这样就极大地消解了"受制于特定传统的行动范围"。

其次，在现代社会，由于时间与空间的分离，在"脱域"和"嵌入"机制的作用下，人们的社会关系从彼此互动的地域性关联中脱离出来，跨越广阔的时间－空间距离重新组织社会关系，①不仅瓦解了"传统"发挥作用的社会基础，而且使其"碎片化"，只能退回到私人领域发挥着建构个体生命意义的作用，而不再能担当实现社会整合的普遍性力量。

现代社会政治统治的合法性只能建基于合法型的统治之上。合法型的统治是基于人们相信统治者的章程所规定的制度或法规之上，可以区分为两种类型：一是合法性信念被视为同真理没有内在联系的经验现象，它的外在基础只具有心理学意义，这些基础是否足以稳定住既有的合法性信念，则取决于有关集团的先见机制以及可以观察到的行为倾向；二是每一种有效的合法性信念都被视为同真理有一种内在联系，它的外在基础的合理有效性要求可以在不考虑这些基础的心理作用的情况下接受批判和检验。在第一种情况下，只有论证理由的动机功能可以成为其对象；在第二种情况下，对动机功能的考察不能脱离这些基础的逻辑状况，也就是说，不能脱离可以批判的合理动机要求。②可见，在

---

① ［英］安东尼·吉登斯：《现代性的后果》，田禾译，译林出版社2000年版，第18页。
② ［德］尤尔根·哈贝马斯：《合法化危机》，刘北成等译，上海人民出版社2000年版，第128页。

合法型的统治中,被统治者服从的不再是具有"神性特征的人格"和未经理性批判的传统,而是服从以理性为取向(目的合乎理性或价值合乎理性,或二者兼而有之)制定出来的各种规则的总体,是服从于各种制度和法律本身。韦伯认为,在"祛魅"了的现代社会,这种统治不仅在效率、速度和可预见性方面具有不可超越的优势,而且能够契合现代社会理性化的发展趋势。因为合法型统治类型发展得越完善,就越发"去人格化",就越能彻底地从公共事务中驱除爱、恨和纯个人的、非理性的、情绪性的所有逃避了精确计算的要素。① 由此可见,在现代社会,作为统治之基础的人为制定的各种规则本身是否能够获得社会成员的认同,是影响政治合法性的一个至关重要的因素。

现代理论评论家注意到韦伯理论当中存在着这样一个危险,即政治合法性信念存在蜕变为一种合法律性信念的可能,仅仅满足于诉诸做出决定的正当程序。如卢曼批评道:"当纯粹正当性的合法性得到承认时,即当法律是由按照明确规则通过负责任的决定而产生,并因此而受到尊重时,社会的法律就被实在化了。"② 这就意味着,如果不能在行使统治的法律形式之外使统治系统合法化,那么法律的技巧形式本身,即纯粹的合法律性,将不能永远保障得到人们最终的承认。"原则上,韦伯的合法统治概念指的是合理性,而且是价值合理性所确定的法定权威。这种权威只是在蜕化的形式中曾被扭曲为缺乏尊严的、价值中立的,而且纯粹具有目的合理性形式的合法统治。"③ 合法律性信念本身不具有合法化的能力。因为,法律实证化要求一种建立在价值理性基础上的普遍共识,

---

① [德]马克斯·韦伯:《经济与社会》第二卷(上册),阎克文译,上海人民出版社2010年版,第1114页。

② 转引自[德]尤尔根·哈贝马斯:《合法化危机》,刘北成等译,上海人民出版社2000年版,第128页。

③ 转引自[德]尤尔根·哈贝马斯:《合法化危机》,刘北成等译,上海人民出版社2000年版,第130页。

仅仅依赖于国家根据系统的合规则性所建立起来的立法垄断和执法垄断是远远不够的。

这种批判并不是否定现代政治的合法性建基于社会成员对各种制度规范的认同之上,只是指出了韦伯基于"总体性社会"的立场讨论政治合法性的局限性,即具有能动性和自主性的个体人的"缺席",社会成员被看成是被动的存在者,所有的制度性规则都是经由"他者"建构而成,人们必须依赖于政府、他人才能确证自己存在的意义。韦伯对政治合法性的研究具有"法形式化"的危险,凸显了现代社会政治合法性的"问题域"所在,即怎样才能使政府制定的各种制度获得社会成员广泛的认同。

现代社会是民主法治社会,"主权在民"是其基本原则,这意味着一切权力属于人民,每个社会成员都具有社会平等而自由的主权者地位,这就要求国家的宪法和法律以及其他公共政策都必须以此为旨归。但由于在现实的政治运作当中不可能让每个人都能成为公共权力的行使者,而必须把权力委托给专人来统一行使。"从理论上说,正是由于权力的所有者不能使用权力,而使用者又不拥有权力,才必须将权力转移给使用者即被授权的人。这就是一切民主政治的出发点。"[①]因此,现代政治的基本权力关系是:一方是权力的所有者,另一方是实际行使权力者。作为权力的所有人,有权要求权力的行使者为实现他们的利益、体现他们的意志负责;后者作为公共权力的人格代表,要为权力所有者的利益服务,并为此承担责任。由此就会产生这样的危险:个人的意志不是任何时候都可以被代理,而且公共权力的人格代表也是现实的人,有着他们自己的价值取向和利益诉求,总是存在着权力寻租的可能。因此,作为公共权力现实化的各种制制度规范——既决定着社会利益的分配,又影响着个人的价值实现——是否能够获得社会成员的认同,自然就成为现代民主社会政治合法性的

---

① 李景鹏:《权力政治学》,黑龙江教育出版社1995年版,第187页。

判断标准。

对制度认同的强调不仅契合现代民主政治的基本原则，而且彰显和捍卫着人作为主体地位的能动性和自主性。一切都服从别人的安排和命令，仿佛个人在制度建构过程中都是无能为力的，只有那些处于社会优势地位的人才对制度建构负责，这是社会被动存在者和臣民的形象，而不是现代社会具有主体地位的公民。也正是在这一点上，哈贝马斯认为，在现代民主社会，当人们感到自己被剥夺了作为一个完全能够控制自己的主体可能性，陷入一种被动的主体地位而对政治生活感到无能为力时，政治合法性就处于危机状态。[①]因此，只有在政府的制度建构过程中充分尊重公民的主体地位和自主性，并使制度获得社会认同，政治合法性才可能从危机状态解脱出来。孟德斯鸠说："政治自由并不是愿意做什么就做什么。在一个国家里，也就是说，在一个有法律的社会里，自由仅仅是：一个人能够做他应该做的事情，而不被强迫去做他不应该做的事情。"[②]但他忘记了法律和各种公共政策的建制化的前提，"能够做他应该做的事情"和"不被强迫去做他不应该做的事情"，首先必须得到社会广泛认同，而不只是由某个人或某个阶层的任性所规定，否则政治自由就是虚假的。

四、研究概述

人为制定的法律、行政法规和公共政策等具有普遍性约束力的制度，不仅影响着社会成员的利益实现，也制约着人们的价值实现，尽管目前对制度认同问题的专门性、系统性研究较为有限，但学界围绕影响制度认同的因素进行了许多有益讨论，归纳起来主要有四种核心主张。

[①] [德]尤尔根·哈贝马斯：《合法化危机》，刘北成等译，上海人民出版社2000年版，第3页。
[②] [法]孟德斯鸠：《论法的精神》（上册），张雁深译，商务印书馆1959年版，第183页。

第一种观点是"制度正义说"。这种观点认为，一种制度之所以能被人们广泛认同，就是因为它体现了社会的公平正义，使每个人的诉求和利益都能得到平等对待。罗尔斯有一段非常经典的话："正义是社会制度的首要价值，正像真理是思想体系的首要价值一样。一种理论，无论它多么精致和简洁，只要它不真实，就必须加以拒绝或修正；同样，某些法律和制度，不管它们如何有效率和有条理，只要它们不正义，就必须加以改造或废除。"① 这段论述不仅充分说明了公平正义对现代社会具有决定性作用，而且切中了现代民主政治制度运行的根本要求，即每个人无论出身、贫富或信仰都拥有基于正义的不可侵犯的权利。这也就是说，每个人都是平等的社会成员，每个人的诉求理应得到平等对待，一种制度只有排除各种因素的影响，将天赋差异和后天偶然性际遇所导致的差异都消除掉，使每一个人都得到正确对待，它才可能获得广泛认同。可见，把制度正义看成认同的理由与直觉判断非常吻合，也和现代社会民主制度的基本原则高度契合，因为任何一个理性的行为者在面对一个明显不公平的制度时，都不可能认同它并自觉地承担其所规定的责任。

第二种观点是"制度效率说"。按照这种观点，一种制度之所以会被人们广泛认同，就是因为这一制度的施行能够给人们带来显著的利益，让人们的需要能够得到很好的满足。诺斯有一个非常著名观点，即"效率假说"可用来作为跨越由无效制度到有效制度之间的鸿沟的方便工具。② 从这种观点可以推演出：一个具有效率的制度，因为具有一种激励效应，能够保证受其影响的人得到最低限度的报偿或好处，才能获得社会认同。中国学者鲲水明确指出，制度胜负的天平在于制度绩效，即让民众持续受益，而制度绩效是获得民众内心深

---

① ［美］约翰·罗尔斯：《正义论》，何怀宏等译，中国社会科学出版社1988年版，第3页。
② ［美］道格拉斯·C.诺思：《经济史中的结构与变迁》，陈郁等译，上海三联书店·上海人民出版社1994年版，第225—234页。

处认同的关键。①显然，这种观点与理性"经济人"的行为特征高度吻合，但其中的逻辑关系还需要进一步厘清：是因为制度具有效率人们才自觉认同，还是因为它被人们认同才具有效率呢？在我们看来，这其中的关系也许并不像经济学家们所想的那样简单明了。②韦伯在对"制度效率说"进行批判时就指出，在日常情况下，无论是出于纯粹物质的动机还是出于目的合乎理性的动机秩序，都是不稳定的，不能持续存在的。③换言之，任何一种制度只有实现了工具理性和价值理性的统一，才会因为赢得人们的自觉遵守而表现出高效率。反之，则不能获得社会成员的自觉遵守，从而因缺乏效率归于失败。总之，没有效率的制度不会被人们自觉遵守，但具有效率的制度也并不总能使得人们自觉遵守。

第三种观点是"强制和威慑说"。这种观点为众多法学家所推崇，按照这种观点，一种制度之所以被人们认同，主要是通过发挥强制和威慑的作用。从功能上来看，任何一项法令和政策不仅具有建构行为边界的作用，还会基于特定价值取向规定着或者决定着关乎每个人切身利益的分配方案。然而，由于它们都是致力于追求某种特定的社会目标和社会利益，不可能完全契合每个人的价值偏好或利益诉求。因此，为了保障制度得到切实遵守，就需要采取强力措施以防止人们采取机会主义态度对待它。强制和威慑是制度得以遵守的重要条件，但是，如果认为仅仅依靠暴力的威慑作用就能够建构起良好的社会秩序，那也是明显不对的。现代司法实践充分表明，惩罚和秩序之间并不存在正相关关系。因为，仅仅依靠强制和威慑来建构秩序，在建构出社会秩序的同时往往积累着

---

① 鲲水：《制度之争与制度认同》，人民出版社 2009 年版，第 2 页。

② 在马克思《资本论》中我们就看到，计时工资与计件工资制度如果能够得到工人无差别地遵守的话，二者之间并不存在显著效益差异。

③ ［德］马克斯·韦伯：《经济与社会》（上卷），林荣远译，商务印书馆 1997 年版，第 238 页。关于割裂工具理性与价值理性的统一关系对政治合法性的影响更为深入的分析，可参见［瑞典］理查德·斯威德伯格：《马克斯·韦伯与经济社会学思想》，何蓉译，商务印书馆 2007 年版。

瓦解这种秩序的社会力量：人们出于惧怕受到惩罚可能会一时接受或遵从某种制度，但由惩罚建构的被蔑视的体验则又构成了个体卷入集体反抗、投身于政治斗争的内在动机。①因此，仅仅依靠惩罚是不可能让一种制度赢得人们广泛认同的。

最后，还有一种观点认为，意识形态的影响力是决定制度认同的关键变量。根据马克思主义理论，意识形态与一个国家制度体系都属于上层建筑，前者是观念上层建筑，后者属于政治上层建筑，二者都是由经济基础所决定并服务于经济基础，它们之间是相互支持、相互配合的关系。一般来说，意识形态越是具有理论彻底性，越是具有吸引力和凝聚力，意识形态就越是能够在社会生活中发挥统一思想、形塑社会共同价值观的作用，就越是能够为制度的正当性和合理性提供正当性辩护，从而由其所支持和引导的制度越是能够赢得社会认同。②由此可见，意识形态领域的领导权的确立，对于制度认同的形成有着极端的重要性。因为掌握了意识形态领导权，就能够建构社会成员的价值观、塑造社会成员的认知图景，为制度认同的形成奠定思想基础。总之，制度认同与意识形态吸引力、影响力是成正比的。

综上，"制度正义说"、"制度效率说"、"强制和威慑说"以及"意识形态说"，每一种观点对"决定和影响人们是否自觉遵守各种制度"问题的解释，都具有部分真理性，但又都存在明显不足，主要原因有两点。其一，缺乏系统性。影响和制约人们是否会遵守一项制度的原因是多方面的，比如说，制度本身的品性、制度运行的效果、社会成员的价值观念、制度和人之间的中介等，不一而足，以上几种观点仅仅涉及其中有限的几个方面。其二，缺乏主体性维度。

---

① 我们对制度认同的理解受到伊·亚·伊林对法律意识论述的影响，制度的认同不仅需要考虑行为，还需要考虑支配行为的动机。参见［俄］伊·亚·伊林：《法律意识的实质》，徐晓晴译，清华大学出版社2005年版。

② 杨春风：《意识形态与制度再生产》，载于《科学社会主义》，2008年第2期。

行为者是否会自觉遵守某一制度，行为者自身的原因具有决定性作用，任何外界的因素都只能通过行为者发挥作用，以上几种观点秉持的都是一种外在性的视角，对内在因素没有充分考虑。因之，探寻一种制度得到自觉遵守的理由，不能只考虑制度本身或其他一些外在因素，行动者的内在原因不可或缺，因为在现代社会，个体已经不再是被动的行为主体，权利意识和自主意识已被充分唤醒，外在理由只有经过个人的"理性法庭"审判才能被接受。

系统把握影响制度认同的因素，需要研究视角的转换，需要从外在性单一视角转换到"外在条件—中介—内在条件"的综合性视角。基于此，本书从厘清制度认同的概念内涵入手，从中分析影响制度认同形成的因素。从发生学的角度看，制度认同是行为者对制度规范的认识性期待与规范性期待实现统一基础之上的实践证成过程，不是出于"害怕"，而是出于内心的信念；不是出于盲目的习惯，而是基于理智的确信。对制度的认知、行为者的内在需求之间的统一是制度认同形成的前提条件，制度实施的效果能够充分证明二者的一致性，是制度认同形成的关键。理性行为者只有在清晰地认识到制度的客观内容和意义的基础上，确认它契合自己的内在需求时，并在实践中不断验证先前判断，才会产生认同，自愿承担遵守其规则的责任，不仅使自己有意识的决定，还要使自己直接的、本能的欲望和冲动服从这一方向。因此，一项法令和政策，无论它看起来多么公平正义、具有效率，也无论有多么强大的权力支撑它，只要得不到社会认同，它就始终只是一种外在的存在，社会成员不可能积极主动地去遵从它。相反，只要能够获得社会认同，法令和政策就是社会公平正义的表现，才可能具有效率；强制和威慑力量的运用也才不会损害人的主体地位和尊严。因为此时社会的要求和行为者对自己的要求实现了统一，行为者从而也就能自觉自愿遵从它。

五、研究设计

为了建构一个分析制度认同问题的一般框架，首先需要阐明制度认同的形成机理，而这又是以弄清楚决定和影响人们自觉遵守各种制度规范的具体原因为前提。因为，只有澄清这一问题，才能使制度设计和安排能更好地发挥社会整合作用，而不至于成为引发社会冲突的导火索。虽然一切外在实施的行为规范，都被称作制度，它外延非常宽泛，包括从一个国家的根本制度到一个企业的规章制度，它们都存在获得认同的问题，但由于制度适用范围越广，制度认同越发困难，就越具有研究的典型意义。因此，为充分把握制度认同的形成机理及其影响因素，本书讨论的制度主要限定于具有普遍有效的正式制度，讨论主要涉及公共政策、法律和行政法规等具有普遍约束力的制度规范。

本书主要包括六个部分的内容，第一章绪论部分主要讨论现代社会制度认同问题形成的原因以及制度认同的价值，第二章力图阐释一些基本理论问题，试图在澄清制度认同的生成机制的基础上，整合不同的学科研究资源，以建构一个系统性的理论分析框架。通过澄明"认同"内涵，以确证制度认同生成的逻辑。在我们看来，认同是指行为主体的认识性期待和规范性期待实现了统一，并由此凝结为一种与行为动机和价值取向相联系的信念复合体，外在对象（价值、规范）成为行为主体内在行为规范的构成性要素，使行为与动机、价值取向获得一致。认同包括三个方面：对客观对象的认识；客观对象的价值契合行为主体的价值偏好或利益诉求（或者二者兼而有之）；客观对象的价值和规范内化于行为者行为规范之中。由此可以导出制度认同生成的逻辑，即行为者在认识并理解一种制度规范的客观内容和意义的基础上，因其契合行为者的价值偏好或利益需求（或二者兼而有之），并在制度实施的过程中证成行为者对制度规范认识论期待和规范性期待的一致性，实现制度价值的内在化，从而自愿承担遵守其规则的责任，不但使自己有意识的决定，而且使自己直接的、本能的欲望和冲动也能服从这一方向。

由此可见，从单个行为者的角度看，行为者对一种制度内容的认识和理解、制度规范契合行为者的价值偏好和利益诉求以及制度的实施有效实现其目标和价值，是制度认同形成的三个基本条件。由此推演，从社会角度看，各种人为创制的制度，作为公共权力的具体化，体现的却是一种主观性，即它们是"有意为之"的，要获得社会认同，就与以下三个问题密切相关：

（1）"有意为之"的"意"是谁的"意"？

（2）人们是否具有理解这种"意"的必要信息？

（3）这种"意"是否能够实现或者在多大程度上能够实现？

根据制度认同的生成逻辑，一种人为制定的制度规范能否获得社会认同，受到三种因素的影响，即制度是否体现社会"公意"、社会成员是否具有认识和理解制度的完备信息以及制度实施的效果。只有这三个方面都具备的时候，制度认同才能实现。

我们设：

IY：制度规范之"所应是"；

IS：制度规范之"所是"；

IR：行为者对制度规范的认知和理解；

ID：行为者根据自身需求对制度规范的自我建构；

ID_S：制度规范的社会建构；

IJ：制度实施的效果。

第一，IS与IY之间是否相一致，即制度之"所是"（IS）与制度之"所应是"（IY）是否相吻合。这实质上反映的是制度是否公正，只有体现社会"公意"、谋求社会公共善的制度规范，才可能获得社会认同，因为作为社会平等而自由的资格主体，每个人的要求应该得到平等对待，这就要求制度本身能够超越任何一种特殊利益。

第二,IS与IR之间是否相一致,即制度之"所是"(IS)与行为者对制度规范的认知和理解(IR)是否相吻合。这也就是说,社会成员对制度的认知和理解是否切中其真实。一种体现社会正义的制度,如果人们对它的认识不能反映其真实,那么,就有可能被指为不公正而不能获得社会认同。

第三,IR与ID之间是否相一致,即行为者对制度规范的认知和理解(IR)与规范性期待(ID)相吻合。其实质是,外在实施的制度规范是否被认为符合行为者的价值取向和利益诉求,这是制度认同形成的基础性条件。

第四,IS与IJ之间是否一致,即制度之"所是"(IS)与其实施效果(IJ)是否相吻合。这二者之间的匹配性揭示出的是制度实施的绩效,一种体现社会公平的制度,如果在其实施的过程中不能有效实现其价值、功能和目标,就只具有纯理论意义。

因此,制度认同对政治的民主化有着高度需求:其一,政治的民主化是保证IY与IS之间相一致的必要条件;其二,政治民主化可以实现信息对称化,促进IS与IR的统一;其三,政治民主化还可以防止"自由裁量权"被滥用,保证IS与IJ之间的统一。

由于意识形态工作不仅可以促进IS与IR之间的统一,还可以对ID发挥建构性的作用,促进IR与ID之间实现统一。因此,意识形态工作对于制度认同的建构也具有重要价值。

最后,由于体现社会公共善的IS并不必定与每个社会成员的"ID_1,ID_2,ID_3…"相一致。因此,制度认同的形成最终还取决于公民的素质,即作为现代社会的平等而自由的所有资格主体能否超越自我中心性的立场,从"个人主体性"过渡到"主体间性",从"个体理性"发展出"公共理性",只有这样"ID_1,ID_2,ID_3…"才可能与基于公意立场的规范性期待ID_s之间实现统一,这样谋求公共善的制度才可能获得社会成员的一致认同。

在接下来的三章，我们基于第二章所建构的理论，分别从制度认同的制度之维、认识之维以及主体之维三个层面阐明制度认同具体的生成逻辑，即根据"制度—中介—主体"架构深入分析政治民主化、意识形态以及公民素质三个方面对制度认同形成机理的分析。

第三章我们关注的问题是，什么样的制度才能获得社会成员的认同？从个体角度看，只有那些契合公民利益诉求、符合公民的价值取向的制度才能获得认同。因为每个公民都是平等的社会成员，要使一种制度能够赢得社会广泛认同，就必须体现社会公共善，致力于实现社会的公平正义；同时，这种制度还要符合实际，因为只有这样才能在实践中得到充分实现。也就是说，制度本身是否体现公平正义、是否具有科学性，是影响制度认同形成的制度性原因。在此基础上，我们关注的问题是民主化对于制度认同的影响机制。因为，民主化不仅有助于使制定的制度契合社会公意，而且民主化还能使公民在参与制度建设的过程中获得认识和理解制度的真实、必要的信息，以及在制度实施的过程中防止"自由裁量权"的滥用，从而保证制度功能、价值及目标能够得到充分实现。

第四章主要讨论意识形态对制度认同形成的影响机制。意识形态之于制度认同的价值在于，不仅可以塑造人们关于制度之"所应是"（IY）的期待，还可以促进信息的对称比、提供人们认识和理解制度规范的必备信息，进而影响人们对制度的认识性期待（即促进"$IR_1, IR_2, IR_3\cdots$"与IS之间获得统一）；而且还能够直接对社会成员的价值观念发挥建构性作用，从而影响着人们对制度的规范性期待（即促进"$ID_1, ID_2, ID_3\cdots$"与ID_S之间获得统一）。但制度认同最终能否形成，还取决于人们对制度的认识性期待和规范性期待的统一经受实践的证成，从而制度绩效也就构成了意识形态作用的限度。

第五章将讨论这样一个问题，即：为什么有时候一种"好"（具备制度认同形成的三种要素）的制度也不能获得有些社会成员的认同？我们认为，这一问题的根源在于，制度认同不仅是一个政治问题，还是一个公民素质的问题。尽管"好"的制度致力于社会的公共善，但因为任何一种体现公共善的制度并不总是能够契合单个理性行为者的利益最大行为策略的要求。如果行为者坚持自我中心性的行为策略时，不能平等地对待其他社会成员，把他人看成是自我实现的工具，那么他们心目中每一种制度规范都将会被看成是自我实现的阻碍和限制性力量而不会认同它。因此，制度认同的形成还需要公民具有一种"普遍化他者"的意识，即把每个社会成员都看成是与自己平等的法权主体，这样每个人基于自身的规范性期待"ID_1，ID_2，ID_3…"才可能与基于公意立场的规范性期待ID_S之间实现统一。

本书最后的结论部分，我们将尝试运用以上讨论的成果，展开对"增强制度大众认同的建构路径"的讨论，主要围绕（1）加强社会主义核心价值观体系建设以实现价值整合；（2）加强国家能力建设以实现社会利益整合；（3）加强制度实施过程监督；（4）加强公民制度教育；（5）提高制度建设过程的公民参与等五个方面进行讨论，力图给出一些切实可行的对策建议。

第二章 制度认同的基本理论

制度认同是一种对象性活动，表征的是行为者与某一制度之间的关系，包括"行为者—中介—制度"三个环节。力图建构出一个一般性制度认同问题的分析框架，不仅需要从这三个环节展开深入的针对性研究，以阐明每一个方面发挥作用的机制，还需要把握三者之间的内在逻辑关系。因为个人的制度认同的分析最为简单，因此，本部分我们的分析策略是从制度的个人认同到社会认同，力求把握影响制度社会认同的因素及其作用机理。

一、制度认同的内涵

正如哈耶克所言："在对人类事务的研究中，交流的困难始于对我们想要分析的对象的定义和命名。"[①]我们经常能够发现，同一个词语或概念在不同的场合和语境中具有不同的意义。这是可以理解的，因为任何词语或概念的内涵都会随着时代、语境的变化而变化。不可否认，这种现象给相互交流或形成共识造成了困难。也正是基于此，在讨论制度认同的基本内涵之前，需要首先对"认同"这个颇具歧义性的概念进行一些讨论。

---

① ［英］哈耶克:《致命的自负》，冯克利等译，中国社会科学出版社2000年版，第128页。

有人说，"认同已经变成了一个到处弥漫、深不可测的术语了"。这种说法虽有些夸张，但也不无道理。首先，从语义上看，"认同"本身就是一个多义词。《现代汉语词典》对"认同"有两种解释：一是认为跟自己有共同之处而感到亲切；二是指承认和认可。《辞海》的解释基本与此一致：其一，承认同一，如民族认同、文化认同等；其二，认可，赞同，如"这一建议，已为有识之士认同"。汉语语境中"认同"译自英文的"identity"，起源于拉丁文"idem"（即相同），既包含客观上的相似性，又包括心理上的一致性。《牛津字典》对"identity"有两种解释：第一，"who or what somebody/something is"，即"身份、本体"之意；第二，"state of exact likeness or sameness"，即"同一性、相同、一致"。《韦伯词典》对"identity"也有两种解释。第一，可考虑的在所有特质中成为同一的事实条件；同一，个性。第二，A成为某种特定的个体或物体的事实或条件；个体性；B和被设定的、描述的或提出的某人或某物成为同一的条件。[1]因此，"identity"在汉语界不仅可以译作"认同"，还可以译为"身份""同一性"等。

造成"认同"内涵"深不可测"的第二个因素，是它被广泛运用于不同社会科学领域，而其"所指"通常又并不完全相同。

在心理学家看来，"认同"是指情感、态度、认识的一致性。弗洛伊德将认同看作是一个心理过程，是个人向另一个人或团体的价值、规范与面貌去模仿、内化并形成自己的行为模式的过程，认同是个体与他人有情感联系的原初形式[2]。在社会交往活动之中，行为主体被他人的情感或经历同化，或者相反，自己的情感或经历同化了他人，消除彼此之间的心理距离，心心相印、同频共振。

---

[1] *Webster's New Universal Unabriged Dictionary*, Deluxe, Second edition, USA: Dorser & Baber, 1983, p.902.

[2] 梁丽萍：《中国人的宗教心理——宗教认同的理论分析与实证研究》，社会科学文献出版社2004年版，第12页。

认同的基础是人的原初本能，由潜意识中的欲望所激发。埃里克森，弗洛伊德的学生，把认同的概念进行了系统改造，使"认同"得到理论化和系统化，并在此基础上发展出他的心理学理论。他认为，"认同"是个人的自我确认和角色选择，是内在本质的外在显现，不同个体之间的"认同"存在区别，个人不同发展阶段的"认同"也不尽相同。美国著名心理学家阿伦森认为，"认同"是一种对社会影响的反击，作出这种反应，是由于个人希望自己成为与施加影响者一样的人。美国《心理学百科全书》将"认同"解释为：认同指的是主体同化、吸收其他人或事项，以构建自身人格的过程。如果一个人与某个他人或团体在某方面相近或相同、彼此相互吸引，那么他们之间就易于相互接受，彼此显露出对对方的吸引力和感染力，形成相同的态度、采取相近甚至相同的行为策略。

社会学家认为，"认同"是个人社会化的重要手段，它是行为主体对社会价值观念、社会目标、社会角色等的内化过程。认同源于主客体之间的学习模仿，是主体对客体的深层次的模仿，把社会的要求转化为主体人格的一部分，从而维持个人与社会的一致性，对社会影响产生积极反应，对社会要求形成信任。认同作为一种社会规范的接受状态，可以分为三种类型，即价值认同、工作或职业认同和角色认同。价值认同，即以价值为认同的对象，是指某一或某类价值被人们广泛接纳和遵从，或以这一或这类价值为内核的理想、信念、原则成为人们追求的共同目标，确立自己在社会生活中的价值定向和共同价值观，它是社会成员对社会价值规范所采取的自觉接受、自愿遵循的态度。职业认同是指人们的职业理想，而某种职业之所以能成为人们的理想，就是因为它和人们的兴趣、爱好相近而有吸引力，或者它与人们的其他角色融贯一体，因为工作不仅是谋生的需要，还是其个人价值实现的需要。角色认同是指人们对某种特定角色的行为、规范、态度了解之后的一种高度认同的状态，也就是说，当一个人接受角色规范的要求并愿意履行角色规范的状况，就称之为角色认同。

在人类学中，认同主要是指人在社会中塑造成的以人的自我为轴心而展开关于自我身份的确认，这些轴心包括性别、年龄、阶级、种族、国家等，由此而展开的每一种"差异轴"都获得一种力量的向度，人们可以通过彼此的力量的差异确认自我的社会差异，从而将自我从众多同伴中分辨开来。[①]这里强调的主要是在人类总体生存状态中人所形成的身份感，可以区分为自我认同和社会（群体、集体）认同，前者指的是个人依据自己的经历所形成的反思性的自我，一种内在化过程，主要集中于对人的主体性问题的思考和把握；后者则是指人们在社会中，对自己生活于其中的特定社会的独特的价值、文化、信念的共同或本质上接近的态度。在人类学家那里，认同与人的生存状态密切相关，其内容是从人的尺度来看待人与自然、人与社会、人与自身的关系。

在政治学中，政治认同是指人们在政治生活中所产生的一致性和肯定性的情感、态度以及相应的政治行为的总和，它属于政治主体的政治实践活动范畴。政治认同既是主体对一定政治体系和政治运作进行认知、趋同的过程，也是对自身政治属性的确认和实现的过程。同时，它还是按照一定政治体系规范自己的政治行为的支持过程。政治认同活动是行为主体基于特定动因的能动活动，它对政治体系施加积极影响并发挥着积极的推动作用。与心理认同相比较，政治认同主要侧重于行为主体基于特定利益需要和价值取向而发生的能动的、有目的、有意识的选择性活动，它是行为主体进行一定政治活动和政治诉求的实践过程。总之，政治认同不仅仅是一种心理倾向和政治态度，更是一种积极进取的政治行为，是政治活动的过程，也是政治活动的结果。

语义的多层次性以及在不同学科中突出"认同"语义的不同面向，是导致"认同"内涵含混而复杂的原因。但"认同"基本上可以区分为两种类型：一是本体论意义上的，即"我是谁？"；二是指一种对象性的获得和接纳。二者密切相关、紧密联系，前者决定后者的范围和标准，后者反映前者的基本定向和属

---

① 参见王成兵：《当代认同危机的人学解读》，中国社会科学出版社2004年版，第12页。

性。需要在此明确的是，在本书中，我们主要考虑的是后一种，而把关于本体论意义上的认同看成是对象意义上认同的内在标准之获得。

根据以上的讨论，我们可以归纳出作为一种对象性获得的"认同"概念所具有的三个基本向度：

第一，认同的形成是建立在行为主体对客观对象一定的认识和理解的基础之上。这种认识和理解并不一定正确和完整，但如果缺乏建立在这一基础之上的认识性期待的话，就不可能形成对这一对象的认同。也就是说，人们是不可能对一个一无所知的对象形成认同的。

第二，没有关于对象的知识，不会形成认同；但有了关于客观对象的一定认知，行为主体也并不一定能够对它形成认同。只有当认识性期待和规范性期待相一致时，即客观对象的价值契合行为主体的价值偏好或利益诉求（或者二者兼而有之），才可能会获得行为主体的认同。因为，作为一个理性行为主体是不可能对一个与自己的价值取向和利益诉求相反对的事物形成认同的。

第三，认同实现了内在动机与行为策略之间的统一。这是针对结果而言的，认同标志着客观对象的价值或规范内化于行为者的行为规范之中，也正是基于这一点，把"认同"和"承认、同意以及认可"等区别开来，后面的几个概念都包含着以上第一、二两个层面的含义，但没有实现客观对象的价值和规范的内在化。也就是说，它们区别于认同之处在于，个体能够承认或同意某种观点和准则（或某物），但对这些观点和准则的信仰还不够坚定，而能够被理性行为者认同的事物，却能够发挥对行为的定向作用。

根据以上三点认识，"认同"是指行为主体在对某一客观对象的认识性期待和规范性期待实现了统一的基础上，并在实践证成的过程中凝结为一种与行为动机和价值取向相联系的信念复合体，使外在对象的价值和规范成为行为主体内在行为规范的构成性要素，行为与动机、价值取向获得一致。认知、内在满足以及实现对象价值的内在化三个方面构成了行为者对一种客观对象的认同发生过程的完整图景，缺乏其中任何一个方面都不能形成对对象的认同：仅仅具备对象的知识而如果对象不能给予行为者内在满足的话，那么就会因缺乏内在动力而不能实现内在化；或者，虽然行为者能够从某一对象中获得内在满足，但如果缺乏对对象一定的认识和理解，那么行为者就因缺乏认识论根据而只能在本能驱动下对它作出反应；如果不能实现对象的内在化，行为和动机没有实现统一，那么，行为者的行为就只能是情境主义或机会主义的。

基于对"认同"的这样一种理解，当我们说一种外在实施的行为规范（即制度）获得人们的认同，即制度认同，制度在其中构成了认同的对象。因此，根据我们对认同的理解，制度认同就是指行为者在认识并理解一种制度规范的客观内容和意义的基础上，因其契合行为者的价值偏好或利益需求（或二者兼而有之），而在制度实施的过程中证成行为者对制度规范认识性期待和规范性期待的一致性，实现制度价值的内在化，自愿承担遵守其规则的责任，不但使自己有意识的决定，而且使自己直接的、本能的欲望和冲动也能服从这一方向。其中，对制度规范的内容和意义的认识和理解；制度规范契合行为者的内在需求；制度规范内化于行为者的信念结构之中，从而外在的要求、社会的要求转变为行为者自己对自己的要求，成为人们自觉、自愿的行为规范和指南，它们是制度认同的三个构成性要素。

由此可见，制度认同一旦生成，就意味着外在的要求、社会的要求转变为行为者自己对自己的要求。因此，制度认同不仅蕴含着遵守规则和违反规则之间的区别，而且还标志着积极主动遵守和消极被动遵守之间的区分。在我们看来，制度认同至少具有以下三个方面的特征：

首先，自主性。尽管可以通过外力迫使人们遵守各种制度规范，但是否能够获得人们的认同，则完全由行为者自己决定的。制度认同的自主性根源于认同的自我性,具体表现在三个方面①。其一,认同标准上的自我性,即对客观对象认同的标准是由每个理性行为主体自我建构的,而不是外界强加的,因为外界所有的相关影响和作用最后都要经由行为者筛选。其二,认同定位上的自我性,即认同是对自我身份的寻找和确认,但对自己身份的确认并不是由自身来回答的,而必须在通过他人或社会反观自身的过程中来确认。其三,认同形成中的为我性。人是各种社会关系的总和,也就是说,凡是有某种关系存在的地方,这种关系都是为"我"存在的。人与人、人与社会、人与自身等关系是人的存在的基本样态,个体通过有效地整合各种关系,使这些关系成为"为我"的,在"为我关系"中不断建构自己的人性结构和生活世界。这三个方面,共同决定着制度认同是建立在行为者反思性批判和澄清的基础之上,一种制度只有通过这种反思性批判和澄清,制度所施加的约束和责任才能得到理性行为者的认同。由此可见,人们是否能对某一种制度形成认同,尽管可以从很多方面去影响,但这些都是间接的,归根结底来说,它取决于每个个体自己,只有每个个体才是制度认同的直接因素。

其次,可逆性。人们对一种制度的认同不是一劳永逸的,而是呈现出一种变动的特征。一种制度可以从原先不被认同而变得为人们所认同,也可以从认同变得不被认同。这主要是因为,制度认同的形成受制于人们对制度规范客观内容和价值的认识、人们的内在需求以及制度实施所带给人们的实际体验,而这三个方面都植根于社会实践并且会随之产生改变,因而制度认同呈现出可逆的特征。从对制度内容的认识来看,制度认同不仅取决于获得的信息是否充分,还受制于人的认识能力。如果人们获得的制度信息不充分,甚至是歪曲错误的,或者人们不具有必要的认识能力,那么人们就会在片面的甚至错误认知的基础

---

① 贾英健:《认同的哲学意蕴与价值认同的本质》,载于《山东师范大学学报(人文社会科学版)》2006年第1期。

上建立起对它的认识性期待，这样就会使人们把一个本来契合自己内在需求的制度规范判定为"坏"制度而拒斥它。因此，如果对某种制度的原初认同是建立在虚假的、片面性的认识之上，随着实践的展开，原初认识就会得到修正，实践和认识之间构成了一种负反馈，从而会使原初建立起来的认同随之产生变动；建基于真理性和充分认识基础上的制度认同，随着实践的展开会不断得到证明，实践和认识之间形成的是正向反馈，会使原初形成的认同得到巩固。内在需求建构人们对一种制度规范的规范性期待，但它也是一个历史性的概念。不断发展的需求必然会修正、提升着人们的规范性期待，这样就会导致能够满足人们低级需求的制度因不能提供更高级的满足而不再被社会认同。导致制度认同变化的第三个因素是制度实施的实际效果。制度实施的实际效果起到了证成或证伪人们对制度规范认识性期待和规范性期待之间一致性的作用。任何一个"好的制度"都必须在其实施的过程中产生与之相应的实际效果，这其中除了人为的因素会影响制度的实际效果外，还有一个现实可能性问题。根据马克思主义基本原理，一种制度是上层建筑的组成部分，它归根结底是受制于经济基础的，但经济基础本身又会随着社会生产力发展而变化着，于是，就会出现这样一种情况：以前能够产生社会满意效果的制度，现在却不能实现了。因此，制度认同会随着现实可能性的变化而变化，任何低于或者高于社会现实可能性的制度都不可能取得社会满意的实际效果。

最后，系统性。在一个国家中，每一种制度规范总是嵌在其整个制度系统之中。处于顶端的是国家的根本制度（国体和宪法），中层的是基本制度（规定政权组织方式、运行方式的制度），底层的是各种具体制度（例如成文法和政府颁布的各种条例）。国家的根本制度体现了一个社会的主流思想及核心价值诉求，它是基本制度和具体制度的灵魂，保证着国家制度体系的内在一致性。基本制度和各种具体制度则是根本制度的具体化和现实化，它们禁止什么、鼓励什么都不得与国家的根本制度相抵触。国家根本制度提供了一个基本框架，它规定着可以进行什么样的变革，以及应该怎样就这些变革作出决策。这对于制度系统在不同时期合乎预期地发挥作用是必不可少的。与之相对应，具体的、较低层级的制度规范必须适时进行调整以适应环境的改变，而各种较高层级的、具有宪法属性的制度规范使整个局面保持可预见性。[①] 正是由于一个社会的各种制度构成了一个相互融贯的、具有层级的制度系统，从而使制度认同表现出了一种系统性特征，即对高阶制度的认同就有利于低阶具体制度认同的获得；对低阶制度的认同可以巩固着和强化对高阶制度的认同；如果高阶制度不能获得社会的认同，就会引发冲突甚至社会革命，使任何一种低阶制度都归于无效；同样，如果某种具体的低阶制度不能获得社会认同，也会影响并形成累积效应最终可能瓦解已形成的对高阶制度的认同，诱发社会冲突和动荡。

总之，制度认同是"知、情、意"的统一，人们在基于对某一制度有一定认知的前提下，因该制度被认为是符合自己内在需求的，从而对其形成了积极情感，内心产生坚定信念。可见，制度认同不是出于"害怕"（因惧怕受到惩罚，人们也接受和服从一种制度规范），而是出于内心的信念；不是出于盲目的习惯，而是在理智确信上的自主选择。只有当制度认识性期待、规范性期待与制度实施效果三个方面能够在制度实施的过程中形成正向反馈，理性行为者才会对这种制度产生认同。反之，如果三者中任何一个方面的原因遏制正向反馈的形成，都会阻断制度认同的生成。

二、制度认同的生成逻辑

根据以上的讨论，可以推导出制度认同形成的一般过程：首先，行为者在

[①] ［德］柯武刚、史漫飞：《制度经济学：社会秩序与公共政策》，韩朝华译，商务印书馆2000年版，第169页。

获得一种制度规范的一定认识（知识）的基础上，经过理智评判和反思后，当这种制度能够（或被认为能够）契合行为主体的内在需求时，就会对它产生一种积极的情感，一旦这种认识性期待和规范性期待的统一能够得到日常实践经验（制度实施）的证成，制度规范就会内化于主体的信念结构之中，成为规范主体行为的自觉性力量和范导性因素，即使行为者形成对这种制度的认同。

（一）制度认同的认识性期待

一种制度规范要获得社会认同，它的内容和意义就必须被人们认识和理解。这是制度认同形成的前提条件。因为如果不知道某一制度规范的具体内容和价值，人们就无法客观地对这种制度规范之于自己和社会的价值和意义作出客观评判，因无法甄别其是非和善恶，就不可能自觉主动地履行这种制度所赋予的义务。就像贝多芬的音乐之于聋人、梵高的绘画之于盲人一样，一种不被人认识和理解的制度规范，无论它究竟"是什么"、多么"公正"、多么"有效率"，都不能获得人们的支持和拥护。富勒在造法失败情况下，归纳出了三种由于认知导致法律失败的情形：未能将规则公之于众，或者至少令受影响的当事人知道他们所应当遵循的规则；不能用便于理解的方式来表述规则；频繁地修改规则，以至于人们无法根据这些规则来调适自己的行为。[1]社会行动者对一种制度规范缺乏最基本的认识和理解，就不可能对这种制度产生认同。

正如康德所言："如果不是至少知道点什么，我决不会让自己抱有什么意见。凭这知道的一点什么，那本身只不过是悬拟的判断就获得了与真实性的某种连结，这种连结虽然是不完全的，但毕竟胜于任意的虚构。"[2]人们有了对制度规范的一定认识和理解后，才能对它进行理智评判和反思，评判它是否适合自己

---

[1] [美]富勒：《法律的道德性》，郑戈译，商务印书馆2005年版，第47页。

[2] [德]康德：《纯粹理性批判》，邓晓芒译，杨祖陶校，人民出版社2004年版，第623页。

的需求、自己的需求是否得到平等对待等等。没有这样一种认识性的期待，制度规范对于行为者来说就始终只是一种盲目的外在力量。人们就只能是被动地遵循和接受各种制度规范所赋予他的责任和义务，而不能将其转化为内在的行为规范，成为自觉自愿性的行为指南。在涂尔干的《宗教生活的基本形式》中，虽然我们能够看到各种礼仪和习惯法所具有的强大的力量，人们甚至会因为没有遵循某种礼仪或图腾制度（对于它们的知识其实并不为人所知）忧郁而死，①但这种力量可能是根源于自然天性或对社会传统没有反思的延续，是消极和盲目地接受与遵从，与基于理智的确信基础上的制度认同有着原则性区别。

制度规范是一种复杂而抽象的特殊存在，不同于玫瑰花那样的感性对象，只需看一看或闻一闻，任何一个具有正常知觉能力的人都会获得一些感性认识。除了通常认识理论所确证的影响认识形成的因素外，至少有以下两个特殊因素制约着人们对一种制度规范的认识和理解。

首先，制度规范通常是以规范性文本形式存在。规范性文本是人们认识和理解制度规范的最基本、最直接的材料。语言是制度规范的表述工具，"法律是一种命令，而命令则是通过语言、文字或其他同样充分的论据发布命令的人之意志的宣布或表达"②。但正如英国法官曼斯菲尔德所注意到的，"世界上大多数的争论都起源于词语"。因此，为了使制度规范及其对它的解释保持科学性和严谨性，制度规范的规范性文本逐渐都由专业性话语所统制。弗里德曼曾说："如词语、用语在一个集团内部流行但在外界不为人知，则这种特别语言有助于规定该集团的界限，把其成员与普通世界分开。法律语言是特别的，所以这专业也特别，受深奥艺术的培训，把职业变成了'专业'。所以技术性语言有象征性

---

① [法]爱弥尔·涂尔干：《宗教生活的基本形式》，渠东、汲喆译，上海人民出版社 2006 年版，第 182-183 页。

② [英]霍布斯：《利维坦》，黎思复、黎廷弼译，杨昌裕校，商务印书馆 1985 年版，第 210 页。

价值。它是地位的标记，也是对交流的一种帮助。"①由此可见，专业化、技术化的专家型话语体系虽然保证了制度规范文本本身以及对它解释的科学性与严谨性，但客观上却疏远了大众话语体系，使普通大众无法直接通过文本本身的阅读来认识和理解各种制度规范。因为专业化、技术化的专家型话语体系从其本质上讲是一种"私人性"的语言。

影响认识和理解制度规范的第二个因素，是普通大众总是处于一种信息不对称地位。各种人为创制的制度规范虽然表现为主观选择的产物，但它总是有着客观的根据，与一个国家特定的历史、文化、道德等密切联系在一起的，或者总是针对某些现实的具体问题。因此，要认识和理解一种制度规范，除了知道它"是什么"以外，还需把握其背后的客观根据，即"为什么"。只有这样，人们才可能对其作出客观评判，否则，判断就会因缺乏现实考量而流于主观的任意。例如，在制定《物权法》的过程中，引发了大量讨论，从中我们看到只有把握中国特色社会主义发展的历史逻辑、理论逻辑和实践逻辑，才能真正理解《物权法》所确立的物权保护原则的必要性。然而，对于普通大众来说，要真正把握制度规范背后的客观根据，总是存在这样或那样信息上的"黑洞"，从而限制着人们对一种制度的认识和理解。

无论制度规范是由专业化、技术化的专家型话语体系所统制，还是在理解制度背后的客观根据方面存在着信息上的不对称性和"黑洞"，都会制约着普通大众对制度规范达成理解共识，而理解共识又是一种制度规范获得社会认同的基础性条件。

总之，对制度规范的内容及其意义的认识和理解是制度认同形成的逻辑前提。恰如黑格尔所指出的，对于能思维的精神来说，得到国家等外部权威的支

---

① ［美］弗里德曼：《法律制度——从社会科学角度观察》，李琼英等译，中国政法大学出版社1994年版，第307页。

持，如果不能在内心深处取得与真理的一致，都是没有根据的。因为缺乏对为了"实现自由而对自由的限制"的各种制度性规范的一个基本认识和理解，人们就无法理智判断它的客观意义和价值以及评判它是否契合自己的需求和价值偏好，就只能是盲目、被动地遵循和接受各种制度规范所赋予他们的责任和义务，而不能使其成为自己行为规范的自觉自愿性的因素。"一种规则当我有意识地强加给自己或者因为理解而自愿地接受它的时候，它就不会压迫或奴役我……理解事物何以如此也就愿意它们果然如此。"① 由此可见，一种制度要获得社会认同，必须通过大众化的话语体系对制度规范进行再解释和宣传，以在社会成员之间建构起一种理解性共识，这对于制度认同的形成具有基础性的意义。

（二）制度认同的规范性期待

制度规范因契合人们的内在需求而产生的积极情感是认同发生的内在依据。人类的情感（本身来源于我们的需要②）是鉴于一个表象而有愉快或不快的能力，它是与人类自身的欲求或憎恶相结合的感受性。按照康德的理解，情感的内在力量是人的欲求能力，而"欲求能力就是通过自己的表象而成为这些表象的对象之原因的能力。一个存在者按照自己的表象去行动的能力就叫做生命"③。任何一个对象只有能给予行为者某方面需求的满足时，无论是物质方面

---

① ［英］以赛亚·伯林：《自由论》，胡传胜译，译林出版社2011年版，第192页。
② 参见［法］卢梭：《论人类不平等的起源和基础》，李常山译，东林校，商务印书馆1962年版，第99页。
③ 《康德著作全集》第6卷，李秋零等译，中国人民大学出版社2007年版，第218页。其中，"表象"（Vorstellung），德文原意为"将……置于面前"，即表述、介绍之意，也即人们在某件事情上的观点、看法。

的，还是价值偏好，人们才可能认同它。①黑格尔曾经说过："制度、法制和法律与人们的伦理、需要和意见不再相合，精神已从其中悄然离去。有些人想相信它们还能长久存在，相信理智和感觉对之不再有兴趣的那些形式似乎还足够有力量长久作为民族的纽带，这些人是何等盲目！"②

康德所说的"自己的表象"，其实就是我们通常所说的自我意识，即我们每个人对自己的认识。因此，制度认同的形成与自我意识密切相关。泰勒在关于认同与"自我意识"的讨论时非常明确地指出，认同的问题总是与这一问题紧密地联系在一起：我是谁？但是，这个问题的答案一定不能只是给出自己名字和自己的家世，与之相反，除了一些常识性的见解，对这一问题的回答包含着一种对我们来说什么是最为重要的东西的理解。知道"我是谁"就意味着了解"我"的价值立场和追求是什么。"我"的认同是由承诺和自我确认所规定的，这些承诺和自我确认提供了一种框架和视界，在这种框架和视界之中，规定了"我"能够在各种情境中决定什么是善的，什么是有价值的，什么是应当做的，或者"我"支持什么或反对什么。换而言之，它是这样一种视界，在其中，"我"获得了一把标尺或看问题的一种角度。"认同是人们意义与经验的来源"③。由此可见，"我"之所以会认同某一对象，就是因为它表征着"我是谁"，确证着什么对"我"来说是最为重要的，或者说对象与"我"之间存在着"共同之处"。自我意识以及"我"所最为看重的东西构成了制度规范自我建构的维度，成为决定某一制度规范是否能获得"我"认同的内在依据，或者说规范性期待。

---

① 弗洛伊德在《释梦》中提供的大量认同发生学案例充分证明这一点。参见[奥]弗洛伊德：《释梦》，孙名之译，商务印书馆1996年版，第146—150页。
② 《黑格尔政治著作选》，薛华译，中国法制出版社2008年版，第11页。
③ [美]曼纽尔·卡斯特：《认同的力量》（第2版），曹荣湘译，社会科学文献出版社2006年版，第5页。

就单个行为者而言，只有当他对一种外在实施的行为规范的认识性期待和规范性期待相一致的时候，才可能会产生对这种制度规范的认同，即行为者认为自己的需求得到社会承认。反之，如果二者之间相互背离，行为者就会因为认为自己的需求没有获得社会承认而反对和拒斥这种制度。每个理性行为者都是根据自己的价值信念和利益需求建构其对制度的认同标准，虽然说可以通过强制和威慑的力量迫使人们接受和遵从某一制度，但如果外在实施的制度规范被认为不符合行为者的内在需求，那么，强制所建构的就只能是一种消极、被动的秩序。

由此就产生了这样一个问题：不同个体之间偶然性境遇和文化背景的差异，使得不同个体的自我意识以及由它所定义的"'我'所最为看重的东西是什么？"不尽相同，这也就是通常所说的"价值多元化""利益多元化"的问题。正如黑格尔对市民社会所描写的那样，每个人都有自己的利益诉求和偏好价值，"一切癖性、一切秉赋、一切有关出生和幸运的偶然性都自由地活跃着"[①]。这样，不同个体就可能因其具有不同的价值偏好或利益诉求而形塑着各不相同的规范性期待，它们之间有时甚至是相互抵牾的，这样就会引发对同一种制度规范的不同态度。西方关于堕胎立法的长期争论就是一个典型例子，自由主义者因坚持个人自由的至上地位对堕胎的立法持积极态度，而崇尚生命权的人，尤其是基督教和天主教的信徒，则会反对将堕胎合法化。人们因持有不同的宗教的、哲学的、道德的等理性学说而导致价值观上的分歧，导致规则的自我建构在不同个体之间具有不可通约性。这样，如何能使一种制度规范获得秉持不同价值取向的社会成员一致认同就成为一个非常棘手的问题。由此也表明，一种制度要获得社会成员广泛认同是多么困难的事情。

---

① [德]黑格尔：《法哲学原理》，范扬、张企泰译，商务印书馆1961年版，第197页。

总之，制度认同的规范性期待"是由其自我解释构成的"①，它表现为一种带有鲜明意向性的心理活动和情感体验活动，内隐于每个人的心中。尽管外界各种因素可以对其发挥作用，但规范性期待的产生和变化的根据最终都只能由每个人自己定义和解释。背离行为者的这样一种规范性期待的制度性规范，都只能是外在的、强制性力量，而不能成为行为者自觉自愿的行为指南。

（三）制度规范的内在化

制度认同完成的标志是制度规范的内在化，使其成为行为者自身行为规范的构成性要素。内在化（internalization）原本是一个生物学概念，指配体与细胞膜表面相应的受体结合形成一种复合物，进而发生膜内陷而凹入细胞内，把环境的成分作为养料，同化于体内的形式。这一概念被引入心理学领域，是指把给定的东西整合到一个早先就存在的结构之中，或者甚至是按照基本格局形成一个新的结构。内在化过程不断消解外物与自身之间的张力和界限，使"外物"成为"为我"的存在过程。

理性行为者的内在需求（规范性期待）是存在于行为者自身的认同"受体"，经过这一受体的识别，外在对象才可能实现内在化；形成的"复合物"是一种类似于行为策略与行为动机和价值取向相联系的信念复合体，它实现了外在对象与自身的同一，成为理性行为者行为动机的构成性要素。然而，对内在化过程进行这种描述可能产生一种误解，好像认同是类似于呼吸一样的自然的、机械的过程，而不是一种有意识的、理智的过程。如同理性行为者获得某一客观对象的知识以及评判客观对象是否契合自己的需求一样，内在化过程表征的同样是实践理性之运用，这一过程诉诸经验原则（实践理性之证成）。黑格尔说：

---

① Charles Taylor, *Sources of the Self: The Making of the Modern Identity*, Cambridge: Harvard University Press, 1989, p.38.

"经验原则包含着一个无限重要的规定,那就是为了承认和确信一种内容,人本身必须与这种内容接触,或更确切地说,人应该发现这样的内容与人本身的那种确信是一致的和结合起来的。"①内在化过程依赖于日常经验中行为者从对象中获得实质性的满足,这种满足就是认识性的期待(观念)和规范性期待统一的经验性证成。对某一对象的认同绝不仅是为获得对象的客观认识和理智评判或停留于心理层面,还必须通过实践的中介作用,使对象之于自己存在的意义得以显现(现实化)。也就是说,只有理性行为者的规范性期待在实践中得到持续的实现和证成,对象才能真正转变成"为我"的存在。反之,一旦经验性证据背离行为者的期待,就会因行为者内在要求的"悬置"而不能通过受体的识别使内在化过程中断。可见,只有经过理性评判和经验证成的外在的对象才能成为内在的构成部分,因此,这一过程是有意识、理智的辨识过程。

我们说内在化过程是一种有意识的、理智的过程,与以下这点是完全相容的,即人们形成了对某一客观对象的认同后,它自然地引导我们的生活、行为规范等方面表现出一种无动机的、未经选择的或者像弗洛伊德所说的"潜意识"的特征。因为,内在化意味着在与外部世界的客体之间进行持续互动的基础上,使已接受的规则被内在的规则所取代。这种内在化过程,意味着一种吸收和接纳,使所有制度性层面上行动的趋向稳定。此外,这种"接受"是有意识的检验所不能奏效的;它存在于个体的无意识层面,行动的某些基础必须保持无意识,以防止由于毫无节制的本能的行为任意所为,或者在心理结构逐步理性化的条件下由于十足的个人利益的自我主义表现而可能引起的全体人之间的对立和混战。"作为内在化的结果……个人对规则持有承诺,即使它的形式已经与理性和自我利益发生抵触,个人仍要保持对规则的信守。"②正是基于此,制度认

---

① [德]黑格尔:《逻辑学》,梁志学译,人民出版社2002年版,第39页。
② [美]杰弗里·C. 亚历山大:《社会学的理论逻辑》第1卷,于晓等译,商务印书馆2008年版,第226页。

同一旦生成，就会表现为一种稳定的意向性和肯定性的内在态度，成为人们行为规范的构成性要素。

因此，制度认同的生成意味着制度规范的理想、价值和象征进入行为主体的心理结构，内化于行为主体的信念结构，成为行为者自觉自愿的行为指南。如果没有内在化，任何一种超个人的秩序都不可能是自愿的。通过内在化，制度规范就不但是社会的存在，而且是主观的存在，"活在"人们的心中，使社会所加给其成员的责任和义务等社会性的要求，变成行为者自己对自己的要求，使行为者自己成为制度实施的积极行为主体；相反，如果制度规范不能内在化，它就始终只能作为一种外在的异己力量而存在，人们就只能屈从于外在压力被动地去遵循它。正如赫费所说："社会制度并不是因为满足了需要和利益而受到批判的，它之所以遇到矛盾，是因为在满足需要和利益时脱离了当事人当下的动机和意图，且屈服于有约束力的结构。"① 获得行为者认同的制度实现了社会期待和自我期待的统一，使外在行为规范与内在行为动机和意图之间的张力得到消解，这样就减弱了其强制特征，从而使其能够发挥持久的社会整合作用。因此，对一种制度规范的认同不仅蕴含着遵守规则和违反规则之间的区分，而且还标志着遵守规则是主动的和被动的之间的不同。

内在化标志着制度认同的形成，意味着制度规范成为理性行为者的一种信念，这好像是不可逆的过程。然而，我们从以上的讨论中可以看出，认识以及个人需求的历史性特征决定着对一种制度的认同具有可变性，这中间是否存在矛盾呢？其实，对一种制度所产生的信念也是可逆的。休谟认为，当信念超越习惯和想象的自然倾向所产生的那些信念的时候，就会使人们对自己的信念产生怀疑。② 在我们看来，一种制度持续实施的具体效果是否或在多大程度上兑

---

① ［德］奥特弗利德·赫费：《政治的正义性》，庞学铨等译，上海译文出版社2005年版，第254页。
② 参见［美］罗尔斯：《道德哲学史讲义》，张国清译，上海三联书店2003年版，第32页。

现它的承诺，是趋近它还是违背它，决定着人们对它的信念是否能够持存。

三、制度社会认同的影响因素

以上我们是从单个行为者角度进行的分析，指出了制度认同的生成过程及其形成机理。然而，制度都是社会性的，具有普遍的社会约束力。这就需要从个体行为者视角过渡到社会公众的视角来分析制度认同问题，从而就会对上一节讨论的三个环节提出新的要求。

人为创制的各种法律法规、公共政策等制度规范，是公共权力的具体化，对一个国家所有的人都会产生影响，它们能否获得社会广泛认同，不仅是影响社会和谐稳定的关键性因素，还是影响现代政治合法性的关键性因素。因此，澄清哪些因素会影响制度社会认同的形成就显得格外重要。这里我们首先将外在制度与内在制度做一个简单比较，并借助制度社会认同内涵及其生成逻辑，对影响制度社会认同形成的因素进行具体分析，以此为讨论制度社会认同的建构奠定基础。

制度作为规范和约束人们行为的各种规则体系，是一个内涵非常丰富的范畴，可以从不同的角度对其进行分类：按照制度所涉及的领域可以分为政治制度、经济制度和文化制度；按照所涉及的层次可以分为宏观制度、中观制度和微观制度。奥斯特罗姆就是基于这个角度，将制度区分为三种，即行动规则（即对日常行为产生影响的规则）、集体决策规则（策略决策，包括行动规则所必需的规则）、宪法选择规则（这些规则决定前两个方面规则）。[①]这里所涉及的制度都是人为制定的正式制度，除此之外，还有一种是自发形成的制度，比如宗教信仰、习惯、伦理道德、礼仪等非正式制度。非正式制度形成于长期社

---

① 参见［美］杰克·奈特：《制度与社会冲突》，周伟林译，上海人民出版社2009年版，第179页。

会生活实践的积淀,在每个人开始社会化的时候就逐渐把它内化于自己的行为结构之中,植入人们的心灵深处。在一定程度上可以说,非正式制度与人的存在是直接同一的,不存在是否被认同的问题。正是由于这一点,如果我们将非正式制度与正式制度做一个简单比较,对于显明哪些因素制约着正式制度的认同是大有裨益的。

如果把人为创制的各种制度与非正式制度(如宗教信仰、习惯、伦理道德、礼仪等)做一个简单比较,就会发现:规范和约束人们行为的各种非正式制度,并不是由某个人或某个阶级制定出来的,其直接来源植根于人类现实生活经验的各种规范。这些规范不但告诉人们什么样的生活是值得过的,而且还规定了什么样的行为是被允许的,从而建构起人与人之间交往的最为基本的行为准则,使社会生活能够有序进行。它们没有一个明确的制定者和执行者,而是通过行为者自我实施的;由于非正式制度关乎每个人自身存在的意义,它的价值一般不会受到怀疑,因而人们会自觉遵守。非正式制度所欲实现的目的对于个人来说,就像奈特所说的那样,它是一种无意识的结果,[①]或者像黑格尔所讲的那种"第二自然","是对于应属感觉规定本身和作为形体化了的表象规定和意志规定的那个形体性的一种塑造和精制"[②]。因而非正式制度表现出高度的稳定性和有效性。而任何一种人为创制的制度都总是基于某一价值立场,为了达到某一特定的目的,由特定的人创制而成并由人专门负责实施,适用于一个共同体内的所有成员,不但规范和约束人们的行为,而且影响着整个社会的利益分配。

可见,人为创制的各种制度与非正式制度之间存在着明显的差别,它不是自发生成、自我实施的,也不是一种无意识的结果,相反,它们体现出一种主观性的特征,都是"有意为之"的。于是,这里就会产生三个问题:

[①] 参见[美]杰克·奈特:《制度与社会冲突》,周伟林译,上海人民出版社2009年版,第178页。
[②] [德]黑格尔:《精神哲学》,杨祖陶译,人民出版社2006年版,第188-189页。

第一,"有意为之"的"意"是谁的"意"?

第二,社会成员是否具有理解和客观评判这种"意"的能力和素质?

第三,这种"意"是否能够实现或者在多大程度上能够实现?

基于制度认同的生成逻辑以及现代社会民主政治的基本原则和价值多元化的社会事实,人为创制的各种制度只有同时符合以下四点要求的时候,才可能获得社会成员的广泛认同。

第一,制度品性是影响制度认同的制度性条件。人为创制的任何制度都是为了解决某一问题、实现某种目的,谋求实现社会的公共利益,符合客观实际,这即是制度之"所应是"(IY)。然而,制度是人为创制而成,在现实的社会环境下,存在一系列客观性因素和主观性因素影响着制度建设,最终所建设的制度之"所是"(IS)是否与"所应是"(IY)相一致,就成为影响制度认同的制度性因素。因为,对于单个行为者而言,一种制度要取得他的认同,这种制度就需要符合他的利益要求、契合他的价值取向。但对于社会公众来说,每个人都是社会平等的资格主体,每个人的诉求都应得到平等对待,因此,一种制度只有符合共同体所有成员的利益要求,每个人的诉求能得到平等的对待,而不为某种特殊利益所左右,体现社会公共利益,才可能获得社会认同。总而言之,"有意为之"的"意"必须是社会的"公意",制度本身符合这一要求,即实现制度之"所应是"(IY)与"所是"(IS)之间的一致,是影响制度社会认同形成的制度性前提。

第二,制度信息的对称化是影响制度认同的认识性条件。对于一项体现社会公平正义的制度,只有在社会成员清晰地认识到该制度的客观内容和意义的基础上,社会成员才可能对它产生认同,而要获得清晰的认识和理智判断就需要具备充分的信息,凭借直觉所作的判断是不可靠的。"好"制度只有被社会公众充分理解的时候,才是真正的"好"制度。否则,就可能因为"好"制度不被正确理解而受到误判,遭到人们反对。因此,在制度制定前需要有广泛充分的讨论和协商，制度制定出来之后施行之前要进行广泛宣传和学习，使社会公众对制度"意"的信息的认识和理解所形成的看法和认识（IR_1，IR_2，$IR_3\cdots$）与制度之"所是"（IS）达成一致。总而言之，一项"好"制度，如果不为人所知、不为人所理解，那么，它也不能形成社会认同。制度信息的对称化程度、社会成员科学文化水平，制约着人们的认知能力，它们决定着"好"制度是否被认为是"好"的，构成了影响制度社会认同的认识性条件。

第三，制度绩效（IJ）是影响制度认同的经验性条件。"好"制度不只是一个认识问题，还是一个实践问题。"好"制度需要在制度实施的过程中，能够把"公意"现实化，不断提高人们的幸福感、获得感。可见，制度实施效果能够证成人们对它的认识性期待和规范性期待的统一，即制度之"所是"（IS）与制度绩效（IJ）取得一致。制定任何一项制度都是为了解决某一问题，具有十分明确的针对性和目的性，没有实施前都还是观念性的存在。因此，一项正式制度仅仅被社会成员认识以及制度的"意"契合社会的"公共善"还是不够的，还必须要使这种"意"得到充分实现，即IS与IJ取得一致，在其实施的过程中能够将其所欲实现的目标充分达成，不断推动社会进步、改善人们生活水平。由此可见，制度之"意"在实施过程中能否实现或者说能够在多大程度上得以实现，证成或证伪人们对它的认识性期待和规范性期待的统一，这种经验性感受影响着制度社会认同能否最终形成。如果人们有一种上当受骗的感觉，那么在社会群体中滋生的不信任情绪会阻断认同的形成。

第四，公民素质是影响制度认同的主体性条件。前面三个方面的因素都是影响制度认同的外部原因，它们都只能起到促进或阻滞的作用，制度认同能否形成最终取决于每个行动者，这是他们自主的选择。每个行动者都基于自身对制度的规范性期待和认识性期待及实践经验作出选择，因而每个行动者只有超越自我中心性行为规范，才能使每个人对制度的规范性期待（ID_1，ID_2，$ID_3\cdots$）与社会的规范性期待（ID_S）取得一致，这有着极其重要的意义。因为，任何一项制度都是谋求社会"公共善"的，不但不可能与每个社会成员利益最大化行为逻辑完全契合，而且有时甚至是相矛盾的，因而一项制度社会认同的形成，对公民素质提出了新的要求。试想：如果一个社会的所有成员都奉行极端的个人主义，把自己的利益实现和价值取向作为判断一切是非善恶的根本标准，不相符的就认为是错的或恶的，那么在这种情况下制度的社会认同就是不可能的。公民素质建构、调适、规范着行为者对制度规范的自我建构（ID_1，ID_2，ID_3…），使其与ID_S，进而与IR获得一致成为可能，即让行为者认识到符合公共善的制度就是符合自己利益的好制度。

  对于制度社会认同来说，以上四个方面的条件缺一不可。如果仅仅满足第二、第三和第四这三个条件而不能满足第一个条件，即没有以社会的"公共善"作为价值诉求，那么就会因为部分人的利益得不到平等对待而遭到人们的抵制，这时的充分信息、制度绩效和公民素质就不再是制度认同的促进性因素而是相反，因为它们让人们在人为制造的社会分化和社会不公面前更深切地体验着被剥夺的感觉。如果一项制度仅仅满足第一、第三和第四三个条件，而没有供人们作出清晰的认识和理智判断的必要信息，那么"好"制度就会被人们认为是"坏"制度，就会使人们把由自己的原因所导致的失败归咎于政府或者把其他本不属于政府的责任归咎于政府，在社会上积累起大量的负面情绪，最终危及政治的合法性。制度实施的实际效果具有对第一、第二两点的一致性证成和证伪的作用，决定着制度规范能否被公民内在化，如果一项制度仅仅具备第一、第二和第四这三个条件，但不能得到制度实施的实际效果的证成，同样会遭到社会的抵制和反对。最后，如果前面三个条件都具备而不具备主体性条件，一种制度是不是就能形成高度的社会认同呢？答案显然是否定的。如前所述，任何一种制度都是谋求社会的公共善的，不可能和每个人最大化利益诉求相一致，有时候甚至还存在矛盾。在这种情况下，如果不具有"普遍化他者意识"的公民素质，任何一种好制度也不可能形成高度的制度认同。可见，制度品性、制度信息的对称化、制度绩效以及公民素质四个方面,是制度社会认同的构成性条件,缺少其中任何一个方面,都会阻断制度认同的形成。总之,只有当一种制度体现社会的"公共善",社会成员拥有对它进行理解和判断的必要信息和能力,同时,这种制度在实现其目标诉求表现出一定的效率时,它才能够获得社会高度的认同,所有影响这四个方面的因素都会制约着制度认同的形成。

可见,从单个行为者过渡到社会公众视角,制度认同生成逻辑没有改变。制度社会认同依然取决于制度认识性期待、规范性期待与制度实施效果三个方面能够在制度实施的过程中形成正向反馈,但变得更加复杂和困难。因为这些条件只有满足所有社会成员的要求,才能形成广泛社会认同,从而对制度自身品性、制度信息的对称化、制度绩效以及公民素质都提出了新的要求。

小　结

"认同"是指行为主体对某一客观对象的认识性期待和规范性期待实现了统一,并在实践证成的过程中凝结为一种与行为动机和价值取向相联系的信念复合体,外在对象的价值和规范成为行为主体内在行为规范的构成性要素,使行为与动机、价值取向获得一致。制度认同,即制度作为认同的对象,不是出于"害怕"(因惧怕受到惩罚,人们也接受和服从一种制度规范),而是出于内心的信念;不是出于盲目的习惯,而是在理智确信基础上的自主选择。制度认同是"知、情、意"的统一,是以行为者在获得一种制度规范的一定认识(知识)为基础的,经过理智评判和反思,一旦一种制度能够(或被认为能够)契合行为主体的内在需求时,人们就会对它产生一种积极的情感,当这种认识性期待和规范性期待的统一能够得到日常实践经验(制度实施)的证成,制度规范就会内化于主体的信念结构之中,成为规范行为主体行为的自觉性力量和范导性因素。制度认同形成,意味着制度规范内化于行为者的信念结构之中,使外在的要求、社会的要求转变为行为者自己对自己的要求，成为人们自觉、自愿的行为规范和指南，因此，制度认同不仅蕴含着遵守规则和违反规则之间的区别，而且还标志着主动遵守和消极被动遵守之间的区分。从制度认同形成过程看，制度认识性期待、规范性期待与制度实施效果三个方面必须在制度实施的过程中形成正向反馈，三者中任何一个方面遏制正向反馈的形成，都会阻断制度认同的生成。

第三章 制度认同的制度之维

根据上一章的讨论，人为创制的具有普遍约束力的公共政策、行政法规和法律等制度规范，只有同时符合以下三点要求的时候，才可能获得社会成员的广泛认同：法令（或政策）体现着社会"公意"，符合共同体所有成员的利益要求，不为某种特殊利益所左右，使每个人的诉求都能得到平等的对待；社会成员具备认识和理解法令（或政策）的充分而真实的信息；在制度实施的过程中，"公意"能够有效实现。由此充分彰显出制度制定全过程的民主化对于制度认同形成的重要意义。首先，制度制定全过程的民主化是发现公意的根本性途径，直接决定着制度公意化能否实现；其次，制度制定过程中广泛民主协商，本身就是实现制度相关信息对称化的一个过程，可以增进社会公众对制度形成正确的理解和认知；最后，在制度实施环节，民主化可以有力保障和监督制度实施的规范化和正确性，避免自由裁量权的滥用，从而可以保障"好"制度产生"好"效果。接下来，我们将深入探讨制度制定全过程的民主化之于制度认同的这三个方面价值，以揭示民主化与制度认同形成的相关性。

一、制度公意化如何可能

一项法令（或政策）的影响具有普遍性，而对于单个理性行为者来说，只有当一项法令（或政策）能够契合他的需求和价值取向时，才可能产生对它的认同。因此，一项法令（或政策）要想获得社会成员的广泛认同，它就必须体现社会的"公意"，使每个人的诉求都得到平等对待。相反，如果一项法令（或政策）是基于私人的偏狭利益，或者是基于某些人的信念，即便他们以立法者、执行者或法官的身份所秉持的信念，或许还是偏狭的信念，这样的法令（或政策）就不可能获得公民们自愿服从基础上的秩序。那么，如何才能使人为制定的法律（或公共政策）表达"公意"呢？即最大限度实现制度之"所是"（IS）与"所应是"（IY）相一致。这是制度建设过程中面临的一个至关重要的前提性问题。

（一）卢梭的人民大会

澄清"公意"（general will）与"众意"（will of all）之间的辩证关系，是阐明实现公共善制度化的基础。卢梭指出："公意只着眼于公共的利益……众意只是个别意志的总和。"[①]"公意"由这样一些共同利益组成，这些利益对于作为一个整体、作为一个共同体的全体人民来说是公共性的，代表着普遍性，它不可转让、分割或误解，高于作为特定个体而存在的人民的各种欲望、价值和兴趣，从而不可以由共同体当中任何一个特殊的成员来表达。

"公意"的"超个人性"和"超主观性"意味着对私人的偏狭利益和信念的约束性和规范性，因此，"公意"是公共善的表征。与之对应，"众意"，尽管表现为多数意见，但是它由私人性的、特殊性的利益聚合而成，作为特殊性的表达，它们仍然是主观性的，不可能为共同体的所有成员共享。因此，"众意"所表征的是私人之善或特殊善，并且作为各种私人性、特殊性意志之总和的"众意"，通常与某种在本质上是共同的或公共的东西相对立。

[①] ［法］卢梭：《社会契约论》，何兆武译，商务印书馆2003年版，第35页。

"众意"与"公意"之间有着原则性的差别,然而,如果离开各种特殊意志和私人意志的话,"公意"又是无法实现的。"'每种利益都具有不同的原则。两种个别利益的一致是由于与第三种利益相对立而形成的。'……全体的利益一致是由于与每个人的利益相对立而形成的。如果完全没有不同的利益,那末,那种永远都碰不到障碍的共同利益,也就很难被人感觉到。"① 卢梭在对阿冉松《法国古代与近代政府论》中一核心观点所作的评论,使"公意"与各种个别意志之间的关系得到充分显现:虽然各种个别意志之间相互敌对或冲突,"但是,除掉这些个别意志间正负相抵消的部分而外,则剩下的总和仍然是公意"②。由此可见,"公意"区别于作为各种个别意志总和的"众意",但前者又蕴于后者之中,并且它就是个别意志抵消后的剩余部分,就像罗尔斯理论中的理性的"重叠共识"。

　　根据"众意"与"公意"之间的这种辩证关系,卢梭指出了一种确证公共善的可能路径。首先,由于"公意"是"各种个别意志正负相抵消后的剩余部分",要使公共权力的运用及制度(法律)的建构能够体现公共善,不经过人民之间的广泛协商和讨论就是不可能的。人民大会(popular assembly)是从各种个别意志之中发现"公意"的机制。必须指出的是,卢梭所讲的"人民大会",是一个摒弃一切限制性条件的"全民大会",无论男女老少、贫富贵贱等,一个国家的所有人都可以也都应该参加。卢梭认为,制度创建和法律的制定是人民的一项功能而不能交给"人民代表",人民必须都要到场,必须每个人都就某个提议是否契合公意的问题作出考虑和判断,人民的代理人只是公意的执行者,无法先验地确证"公意"。其次,经过人民大会的讨论和协商,多数原则的民主表决是确证"公意"的具体方式。因为"公意的一切特征仍然存在于多数之中;

---

① [法]卢梭:《社会契约论》,何兆武译,商务印书馆2003年版,第35—36页,脚注⑤。
② [法]卢梭:《社会契约论》,何兆武译,商务印书馆2003年版,第35页。

假如它在这里面也不存在的话,那末无论你赞成哪一边,总归是不再有自由可言的。"①人民大会的讨论和协商并不总能取得完全一致的意见,以民主投票的方式实现"公意"既是必要的也是可行的。

必须注意的是,尽管卢梭认为必须经过多数原则的民主投票方式确证公意,但同时又指出,"公意"不单以票数为准,而且就其主题的性质来说,应是真正代表公共利益的。②这也就是说,多数原则的民主投票方式只是确证"公意"的必要条件而不是充要条件。既然如此,那么怎样才能保证民主投票确证的是"公意"而不是"众意"呢?在卢梭看来,这主要取决于以下两个方面的因素:

第一,公民投票是否能够秉持"公共理性"的行为指南。按照卢梭的观点,进行投票时,如果人们看不到一个问题的公共的或真正带有普遍性的一面,各个人都是按照自己的意愿进行表决,那么即使大家实际上同意已经作出的决定,这种决定也仍然不是建立在真正的公共利益的基础之上,而只是卢梭所说的"个别意志的总和"③。作为公民,人们在人民大会上就某项提议或政策法律进行表决,真正来说,向公民们所提问的并不是他们究竟是赞成这个提议、政策和法律还是反对这个提议、政策和法律,而是这项提议、政策和法律是不是符合公意;而且从根本上来说,这个公意也就是他们自己的意志。唯有如此,每个人在投票时都秉持公共理性谋求社会公共善,由此获得的多数票才能真正确证和表达着公意。"因此,与我相反的意见若是占了上风,那并不证明别的,只是证明我错了,只是证明我所估计是公意的并不是公意。"④这也就是说,只有公民投票时能够超越个人的主观意向,能够就问题本身是否契合公意作出判断,这样,民主投票的多数意见确证的才是公意。

---

① [法]卢梭:《社会契约论》,何兆武译,商务印书馆2003年版,第137页。
② 参见[法]卢梭:《社会契约论》,何兆武译,商务印书馆2003年版,第36页。
③ [英]鲍桑葵:《关于国家的哲学理论》,汪淑钧译,商务印书馆1995年版,第132页。
④ [法]卢梭:《社会契约论》,何兆武译,商务印书馆2003年版,第136页。

第二，公民之间是否存在任何形式的勾结。"公意的一切特征仍然存在于多数之中"，但是，如果在人们当中形成了不同派别的时候，各个不同派别把各自利益置于社会利益之上，尽管各个派别的利益对它的成员来说也是"公意"，但相对于国家、社会利益来说它们则依然是个别意志。这个时候，投票者的数目减少了、分歧减少了，但如果每个派别始终奉行自己利益的优先性，那么分歧虽然在数量上减少了，但所得的结果却更加缺乏公意。而且，如果在这些集团中有一个占有明显的优势地位，以至于超过了其他一切集团的时候，结果就不再有许多小的分歧的总和，而只有一个唯一的分歧。"这时，就不再有公意，而占优势的意见便只不过是一种个别的意见。"① 也就是说，如果公民之间存在着任何形式的勾结，通过民主投票所确证的就不是公意，而只是占优势集团的特殊意志。

因此，即便一项法令（或政策）得到全体一致的投票支持，但如果这是投票者根据各自的目的或是被操纵所获得的结果。那么，这种人为的一致，在卢梭看来是不能纳入基于"公意"所作的决定之列，它所代表的不是公共善，而仍然是一种特殊利益。

正是在人民大会上公民的讨论和民主投票总是存在着众意僭越公意的危险，才使得国家制度的建构和法律的制定可能偏离社会公共善，成为谋取特殊利益的工具。那么，怎样才能防止这种危险的出现呢？

卢梭认为，要克服众意僭越公意的危险，防止公民之间相互勾结，保证公民能够秉持公共理性的行为指南进行投票，使人民大会上的民主投票能从大量的小分歧中确证社会的公共善。卢梭给出了四个规定性条件：

首先，国家的疆界不能太大，否则，人民大会就无法召开；其次，财产的占有必须相对公平（应维持在一个公民不可以购买另一个公民的选票的限度

---

① [法]卢梭：《社会契约论》，何兆武译，商务印书馆2003年版，第36页。

内）；再次，文化具有同质性；最后，道德和习俗的多样性不能达到导致持续性的冲突和"分裂社会"的地步。① 这也就是说，只有在小国寡民、文化同质性、合理的财产差距以及公民绝对忠于本身特定之社群传统时，国家制度和法律才可能体现社会的公共善。

从以上的讨论可以看出，卢梭正确地指出了什么是公共善、公共善存于何处以及通过什么样的机制才能发现和确证公共善。然而，当卢梭把议题限制于小国寡民、文化同质性、合理的财产差距以及公民绝对忠于本身特定之社群传统时，他就只是通过限定问题产生的条件来消解问题，产生问题的条件不存在了，那么解决问题的办法也就失去意义。这样，卢梭的理论也就陷入二律背反的困境之中。

（二）黑格尔的普遍等级

对卢梭理论的批判，构成了黑格尔思考现代社会秩序问题的关键背景。在黑格尔那里，公共善即是普遍性的东西，它与自身统一，包含着特殊的和个体的东西在内。"但概念的普遍性并非单纯是一个与独立自存的特殊事物相对立的共同的东西，而毋宁是不断地在自己特殊化自己，在它的对方里仍明晰不混地保持它自己本身的东西。"② "特殊的东西即是相异的东西或规定性……它是自身普遍的并且是作为个体的东西。"③ 普遍的东西包含着特殊、个别的东西于自身之中；同时，后者以差别和区分体现着前者。由此可见，关于公共善是什么及其与特殊意志之间的关系，黑格尔与卢梭并没有本质性的差别。但就关于如何才能发现和确证公共善，黑格尔的理论主张与卢梭是截然不同的。

---

① 参见［法］卢梭：《社会契约论》，何兆武译，商务印书馆2003年版，第59-61页。
② ［德］黑格尔：《小逻辑》，贺麟译，商务印书馆1980年版，第334页。
③ ［德］黑格尔：《小逻辑》，贺麟译，商务印书馆1980年版，第337页。

黑格尔尽管也像卢梭一样承认国家的权力属于人民，但他认为"人民"只是没有规定的抽象，[1]要使国家制度和法律成为社会公共善的表征，或者说对公共善（普遍性）的决断、对人民公共利益的决断，却不是任何人都能承担的。

首先，黑格尔认为，市民社会的成员是"具体的人"，每个人都总是根据自己的利益和偏好行事，特殊性是其主导原则，"特殊性本身是没有节制的，没有尺度的，而这种无节制所采取的诸形式本身也是没有尺度的。人通过表象和反思而扩张他的情欲——这些情欲并不是一个封闭的圈子，象动物的本能那样，——并把情欲导入恶的无限"[2]。一切癖性、一切禀赋、一切有关出生和幸运的偶然性都自由地活跃着，作为单个人的多数人的确是一种总体，但还只是一种自在群体，只是一群无定形的东西，他们的行动完全是自发的。因此，在黑格尔看来，如果像卢梭那样通过人民之间的协商和有约束性的民主投票方式来确证社会的公共善，就会把公共善（公意）还原到原子式的和抽象的水平，只能是把特殊意志普遍化。黑格尔认为，卢梭仅仅在一种特定的形式中将公意当作是个体性的意志，他并没有将普遍意志看作是意志当中绝对理性的因素，而只是将它看作是一种"相同的"东西，就像能从任何一种有意识的意志当中产生出来的那样，从这样一种个体性的意志当中产生出来的意志，即"公意"。这样一来，卢梭就将国家当中个体之间的联合还原成了某种个体之间达成的契约，"因此也还原成了某种建立在他们的专断意志、意见和随着反复无常的状况而出现的、确定性的公开同意基础之上的东西"[3]。

其次，由于"人民"只是没有规定的抽象，只有普遍等级才能实现公共善。黑格尔认为，只有能够献身于社会的公共福利、具有高度的道德品行的"君

---

[1] [德]黑格尔:《法哲学原理》，范扬、张企泰译，商务印书馆1961年版，第298页。
[2] [德]黑格尔:《法哲学原理》，范扬、张企泰译，商务印书馆1961年版，第200页。
[3] 转引自米蒂亚斯:《黑格尔论政治权威的来源》，载于《黑格尔与普世秩序》，邱立波编译，华夏出版社2009年版，第191页。

王"、立法机关以及行政机关的官员,才能保证公共善的实现。缺乏同"君主"之间的必然联系,人民就不再是一般意义上的"人民",而成了"没有规定性"的抽象。因此,黑格尔认为,市民社会的"群氓"对于公共善的实现是无能为力的,只有普遍等级的成员才能担此重任。其具体原因在于,要使国家制度和法律表达社会的公共善,需要"一种对国家组织和国家各种需求的本性的全面洞见"①。但这种"全面洞见"不会在常人中出现,达到这种洞见需要技巧、专注和智慧。"常常是并不知道自己应该要些什么东西的盲目的群众——因为什么东西对于自己好,他们知道得太少了——又怎么能亲自来执行像立法体系这样一桩既重大而又困难的事业呢?"②因此,人民需要一个智慧非凡的人为他们设计法律(或政策),为了制定出能够适合于各个民族的最好的公共政策、行政法规和法律,就需要有一种能够洞察人类生活一切的"全面洞见"的最高智慧,并且还能够摆脱任何情感的羁绊。虽然这与我们人性没有任何关系,但能认识人性的深处;"智慧非凡之人"的幸福与我们没有什么关系,但他又愿意照顾普通大众的幸福;在时间的长河之中,他在这个世纪工作,但会考虑到长远的荣光。"要为人类制订法律,简直是需要神明。"③如果按照卢梭设想的那样,通过人民之间的协商和有约束性的民主投票确证体现公共善的法律,那必须具备一个前提条件,即"一切人都熟悉这些事务"④。因此,黑格尔认为,全体人民参与立法是一种十分荒谬的观点,如果出现这样的局面的话,国家就不存在一种统一意志,立法机构制定的法律必然就会被各种特殊的意志或利益所左右。

最后,也是黑格尔理论中最具神秘主义色彩的部分,尽管他承认普遍的东

---

① 转引自米蒂亚斯:《黑格尔论政治权威的来源》,载于《黑格尔与普世秩序》,邱立波编译,华夏出版社2009年版,第201页。
② [法]卢梭:《社会契约论》,何兆武译,商务印书馆2003年版,第48页。
③ [法]卢梭:《社会契约论》,何兆武译,商务印书馆2003年版,第50页。
④ [德]黑格尔:《法哲学原理》,范扬、张企泰译,商务印书馆,1961年版,第326-327页。

西包含着特殊、个别的东西于自身之中，特殊、个别的东西以差别和区分体现着前者，但公共善是各种特殊意志的真理，①或者说，"普遍事务自在地存在"②，它是客观的、实在的，不可能也无须通过对各种特殊、个别的意志的综合使其得以呈现，具有特殊才能的普遍等级就能发现它。所以，在黑格尔的理论当中，尽管也很看重类似于卢梭"人民大会"③的各种等级会议的作用，但这不是因为通过等级会议能够发现或确证公共善，对此它们仅仅具有"补助"的价值，如完善高级官吏的见解以及对官吏的监督，④他们有等级会议，能经常把事情办得好，如果没有等级会议，他们同样也能把事情办得好。在黑格尔看来，等级会议的主要价值是教育功能。黑格尔指出："等级会议的公开是一个巨大的场面，对公民说来具有卓越的教育意义。人民大部分从这里获知他们利益的真实性质。"⑤从而在实现普遍事务知识普及的同时，对单个人和群众自恃自负也起到一种治疗的作用。也就是说，要使市民社会成员意识到"普遍事务自在地存在"是其特殊意志的真理，即等级会议能实现普遍事务自在存在与自为存在的统一。

总而言之，在黑格尔看来，国家的正当性在于根据普遍的规律和原则而规定自己的行动，以实现普遍性和单一性的统一，普遍性"既为国家的形式保有思想也为国家的内容保有思想的原则"⑥。但由于市民社会成员囿于自己的特殊性领域，无法把握普遍性之真理。因此，黑格尔认为，国家的制度和法律能否

---

① 参见［德］黑格尔：《法哲学原理》，范扬、张企泰译，商务印书馆1961年版，第133页。
② 《马克思恩格斯全集》第3卷，人民出版社2002年版，第78页。
③ "人民大会"在黑格尔法哲学中同价于"等级会议"。
④ 参见［德］黑格尔：《法哲学原理》，范扬、张企泰译，商务印书馆，1961年版，第319-320页。
⑤ ［德］黑格尔：《法哲学原理》，范扬、张企泰译，商务印书馆，1961年版，第331页。
⑥ 转引自米蒂亚斯：《黑格尔论作为国家基础的法律》，载于《黑格尔与普世秩序》，邱立波编译，华夏出版社2009年版，第147页。

实现社会的公共善，取决于那些通晓国家事务且具有高度献身精神的普遍等级成员，即君主及其政府机构的成员。

（三）马克思的民主制与物质条件

黑格尔注意到了卢梭理论当中的困境，就像法国大革命所呈现出来的那样，大众民主常常使特殊性普遍化而演变成大众暴力。应该说，黑格尔的研究切中了市民社会的局限性。但是，公共善毕竟总是存在或蕴含于各种特殊善之中，因此，当黑格尔把普遍性（公共善）看成是自在的存在并交由普遍等级时，他实质上就隔断了普遍性与特殊性、个别性之间的内在联系，使其可能成为"权力"意志的表征。正是这一点构成了马克思对公共善问题思考的切入点。

在《黑格尔法哲学批判》中，马克思对黑格尔的观点展开批判的同时也克服了卢梭理论中存在的困境，不仅在一种原则性高度上重新确证了民主之于公共善实现的价值，而且为实现公共善的制度化奠定了科学基础。

马克思批判黑格尔的理论立足点是，黑格尔把"普遍事务"看成是自在存在的，但他没能说明"普遍事务"怎样成为自为的、主观的，因而也是现实的存在的，当其主张把国家事务交由普遍等级时，也就使得"普遍事务是现成的，然而不会是人民的现实的事务。人民的现实的事务是在没有人民行动的情况下实现的"[①]。"普遍事务"本应该是作为现实存在的，是人民经验性的普遍事务。也就是说，普遍性只能存在于特殊性之中，也只能在各种特殊性中去发现和确证它。马克思说："只有民主制才是普遍和特殊的真正统一。"[②]因为在民主制中，特殊的东西仅有特殊价值，而"作为普遍东西的国家则是现实的普遍东西"，国家没有任何有别于其他内容的规定性，都只是人民的自我规定和人民的特定内

---

① 《马克思恩格斯全集》第3卷，人民出版社2002年版，第78页。

② 《马克思恩格斯全集》第3卷，人民出版社2002年版，第40页。

容,即"在这里,国家制度不仅自在地,不仅就其本质来说,而且就其存在、就其现实性来说,也在不断地被引回到自己的现实的基础、现实的人、现实的人民,并被设定为人民自己的作品"①。一切非民主制国家,特殊的存在以一种"伪造"的内容规定和管辖一切特殊东西而具有普遍东西的意义。马克思认为,"民主制是一切形式的国家制度的已经解开的谜"②。因此,在写作《黑格尔法哲学批判》阶段,马克思把普遍化的选举权看得格外重要,认为以此可以成为实现真正民主的手段,促进普遍和特殊的统一,"他相信理性的权能和选举权的普遍化将会克服公共与私人、特殊与普遍之间的分野"③。当马克思在一种具有原则性高度上,重新确定民主之于实现公共善的价值时,他发现现代资产阶级"民主"国家的困境:运作于政治活动背后的不是对人类自觉的普遍理性的承认,取而代之的是,"无依赖性的私有财产即抽象的私有财产以及与之相适应的私人,是政治国家的最高构成。政治的'无依赖性'被构思为:'无依赖性的私有财产'和'拥有这种无依赖性的私有财产的人'"④。国家意志不过只是占有生产资料阶级意志的表达,使得国家成为"管辖和规定一切特殊东西的普遍东西"⑤的虚假的总体性而外在于人民。

写作《论犹太人问题》时,马克思就意识到,政治的真理永远都藏匿于市民社会之中。但仅仅具备民主这样一种形式条件,还不能真正实现社会的公共善。当历史唯物主义形成后,问题的本质就得以呈现:占统治地位的思想总是占统治地位的物质关系在观念上的表现,以思想的形式、观念的形式表现着占统治地位的物质关系。因此,使某一阶级成为统治阶级的物质关系在观念上的

---

① 《马克思恩格斯全集》第3卷,人民出版社2002年版,第39-40页。
② 《马克思恩格斯全集》第3卷,人民出版社2002年版,第39页。
③ [美]麦卡锡:《马克思与古人》,王文扬译,华东师范大学出版社2011年,第245页。
④ 《马克思恩格斯全集》第3卷,人民出版社2002年版,第129-130页。
⑤ 《马克思恩格斯全集》第3卷,人民出版社2002年版,第41页。

表现，自然就成了这个阶级的统治的思想。任何一种国家制度和法律都是由其经济基础决定的上层建筑，它所维护的只能是统治阶级的利益。只是"因为每一个企图取代旧统治阶级的新阶级，为了达到自己的目的不得不把自己的利益说成是社会全体成员的共同利益"①。国家的一切制度，乃至国家本身，都不过是与实际的单个利益和全体利益相脱离的存在。这也就是说，在阶级社会里，国家制度以及各种法律尽管被标榜为致力于社会的普遍利益，但其实质是为统治阶级特殊利益服务的，不可能真正体现社会的公共善。在就选举的性质进行评论时，马克思明确指出："选举是一种政治形式，在最小的俄国公社和劳动组合中都有。选举的性质并不取决于这个名称，而是取决于经济基础，取决于选民之间的经济联系。"②可见，选民所确认的多数意见是否是"公意"，不仅取决于他们是否秉持公共理性指导投票，还取决于他们之间的经济联系。

至此，马克思不仅澄明了公共善制度化的可能性条件，也解决了卢梭理论上的困境。因为当卢梭把问题限定于小国寡民、文化同质性、合理的财产差距以及公民绝对忠于本身特定之社群传统时，他是以消解问题产生的条件来解决问题的，从而把问题遮蔽了起来。问题不在于国家大小、人口多寡乃至文化和道德的多元化，而在于一个国家建基于其上的经济基础。因为从根本上来说，"个人是什么样的，这取决于他们进行生产的物质条件"③。从而，生产资料的私有制不仅会导致财产占有的分化，也会导致文化和道德观念的多元化，黑格尔所期待的普遍等级在国家中所要求的也不过只是他们的特殊利益。

由此可见，马克思把公共善的实现建基于两个基本规定之上：第一个是形式条件，即必须施行民主制；第二个是物质条件，即必须建立生产资料的公有制。任何一种非民主制度都不总是能表达个体性的普遍性和合理性，公共善存

---

① 《马克思恩格斯文集》第1卷，人民出版社2009年版，第552页。
② 《马克思恩格斯文集》第3卷，人民出版社2009年版，第406页。
③ 《马克思恩格斯文集》第1卷，人民出版社2009年版，第520页。

在于各种特殊性之中,而不是存在于天才的头脑中,只有人民都能广泛参与和商讨国家事务,才能发现和确证它;而建基于生产资料私有制基础上的民主制表达的也只是虚假的普遍性,即抽象的、纯粹的形式,实质不过是市民社会的反映。只有建立生产资料的社会公有制,才能有效阻断特殊利益的普遍化,使"民主不再被视为一种消极的政治制度,参与其中仅仅限于投票,而影响到多数人的重要问题则为小部分需要公共政策和军事力量来维护其阶级统治权的经济上和政治上的少数群体所决定"[1]。正是因为如此,马克思把巴黎公社看成了一个实现公共善的典范。因为在公社当中,实现普遍选举权、直接召回、人民主权、工人合作、平等主义,消除了一切形式的社会压迫,真正实现了"法律为人而存在,而不是人为法律而存在"。

概而言之,马克思在卢梭和黑格尔研究的基础上,在具有一种原则高度上,澄清了实现公共善制度化的基本条件,即只有奠基于生产资料公有制基础之上的(社会主义)民主制才能真正实现普遍性与特殊性的统一,使国家制度和法律成为表达个体性的普遍性和合理性。

(四)公共善制度化的可能路径

从卢梭、黑格尔到马克思这一思想发展史中,公共善制度化的问题,在理论上基本得到澄清。接下来,我们将根据以上的讨论,把此问题置于当下中国语境,思考在利益分化、价值多元化的当代中国社会,如何才能使国家权力的运用及国家政策与法律体现社会的公共善。

第一,牢固树立公有制的主体地位,不断增强其影响力和控制力。根据马克思的理论,生产资料的公有制是阻止特殊利益普遍化的物质基础。虽然我们已建立了社会主义制度——这是使国家各种具体政策和法律体现全体人民意志

---

[1] [美]麦卡锡:《马克思与古人》,王文扬译,华东师范大学出版社2011年版,第264页。

的根本保障,但我国仍处于并将长期处于社会主义初级阶段,必须实行公有制为主体、多种所有制经济共同发展的基本经济制度。不同经济成分必然谋求其政治上的实现,因此,能否始终坚守公有制的主体地位,能否始终保持公有制在国民经济中的影响力和控制力,直接决定着我们的国家政策和法律能否体现社会公共善。"房价总理说了不算,总经理说了算",坊间曾经流行的这一句话所折射的就是,一旦公有制经济的影响力和控制力下降,国家的政策和法律就会被资本的力量所左右,政治权力的运用就可能背离社会的公共善,蜕变为资本利益的代表。

第二,坚持党的领导,增强党的宗旨意识。马克思为公共善实现所奠基的两个核心原则,即真正民主制和全面的社会公有制,在当下中国社会还不具备实现的历史条件。在这种情况下,制度建设能否体现社会的公共善,就与一个执政党的党性及其政治自觉密切相关。共产党人"没有任何同整个无产阶级的利益不同的利益"[1],也就是说,共产党人的宗旨就是谋求社会公共善。因此,在当下中国社会,要使国家权力的运用及国家政策与法律体现社会的公共善,必须始终不渝地坚持中国共产党的领导。共产党人的宗旨是谋求社会公共善,党在执政过程中能否真正保持不变质,这是两个方面的问题。这就要求,在坚持党的领导的同时还要增强党的宗旨意识,以保证党在长期执政的过程中能够始终不渝地坚持"全心全意为人民服务"的根本宗旨,真正做到"始终同人民群众同呼吸、共命运、心连心,真正做到权为民所用、情为民所系、利为民所谋",有效地"实现好、维护好、发展好最广大人民根本利益"。

第三,在发挥专家在治国理政上的作用的同时要不断推进政治的民主化。就本论题的主旨而言,黑格尔的智识性贡献在于,他正确地指出了处理普遍事务的知识原则以及市民社会成员的局限性。市场经济导致普通大众患上了"私

---

[1] 《马克思恩格斯文集》第2卷,人民出版社2009年版,第44页。

人化之症"（哈贝马斯语），加上认知上的局限性，普通大众对公共事务不可能透彻理解，从而凸显了专家在治国理政上的价值。但是，如果阻断特殊善与公共善之间的联系，即不知道"人民需要什么"，那么就会出现马克思所批判的那种陷入"政治的唯灵论"的情况。那谁能保证由专家们制定的法律不是权力意志的产物，不会把他们的特殊意志变成国家的真实意志呢？马克思说："如果指的是真正合乎理性的国家，那么可以这样回答：'不是全体人员都应当单个地参与国家的普遍事务的讨论和决定'，因为'单个人'是作为'全体人员'，即在社会的范围内并作为社会成员参与普遍事务的讨论和决定。不是全体人员单个地参与，而是单个人作为全体人员参与。"① 在当下中国社会，不可能实现所有个体作为"所有人"参与商讨和决定一般事物，能否成为一个"理性国家"，主要取决于在治国理政时专家们能否作为"所有人"决定一般事物，而这在很大程度又受制于政治民主化的程度，即只有社会成员能够充分表达自己的主张，能够对公共事务的决定产生影响，国家政策和法律才能成为表达个体性的普遍性和合理性。

总之，只要坚持党的领导、增强党的宗旨意识，巩固公有制的主体地位，不断增强其在国民经济中的影响力和控制力，实现专家治国与扩大民主的有机结合，就能在利益分化、价值多元化的当下中国社会，使国家的各种政策和法律不被各种特殊利益或资本所驾驭而充分体现社会的公共善。

二、公共协商与信息对称化

社会成员是否具备认识和理解法令（或政策）的充分而真实的信息，决定着社会公众对制度的认识和理解（IR）与制度之"所是"（IS）之间能否达成一

---

① 《马克思恩格斯全集》第3卷，人民出版社2002年版，第145页。

致，这是制约制度认同形成的第二个方面的原因。国家机关只有充分了解人民的需求，才可能制定出体现公意的法令（或政策），但体现公意的法令（或政策）并不必然就会获得社会成员的认同。根据我们以上对公意与个别意志之间关系的讨论，公意是各种个别意志的统和，尽管不会一味地否定、拒斥个别意志，但由于公意是"各种个别意志间正负相抵消而剩余部分的总和"，这意味着公意并不必然为社会所有成员所偏好或者接受。这也就是说，体现着公意的法令（或政策）中总是存在着大量不为人们能够直接洞见的内容。如果人们缺乏认识和理解它的必备信息，就无法对某一制度是怎样的以及为什么是这样的进行客观评价，也无法知道自己的利益是否得到平等对待，这样就存在对"好"制度误解的可能。因此，要使一项表达公意的法令（或政策）获得社会广泛认同，还需要人们充分认识和理解它。

当我们说一种制度规范必须为人们认识和理解，意思是说，每个受其影响的人都明白，当参与这种制度所规范和约束的活动时，自己能做什么、必须做什么、不能做什么以及为什么会是这样的问题都是非常清楚的。也就是说，人们认识和理解一种制度，就是明白这一制度对他以及别人提出的要求是什么，同时也清楚别人同样知道这一点，而其他的人也同样清楚他知道这一点。据此判断这种制度规范是否符合社会实际、体现社会公共利益，自己的诉求是否得到平等对待。因为立法和制度创建的实质是致力于追求正确和良善的东西，并且这种正确和良善不是对这个或者那个人或者由多个个人所组成的集团来说的，而是对作为千差万别的或者说是错综复杂的利益而存在的社会的整体来说的。它的内容是公共善，但并不是作为一个已经成形的或者说是得到明确规定的原则给出的。相反，它需要在理解实际社会条件和作为一个有机整体的国家的理性追求的基础上，进行思考和表述，通过努力才能求得实现的。

在复杂的现代社会不具备亚里士多德理想民主城邦的条件，不可能每个人都能直接行使公共权力，必须把权力委托给专人来统一行使。现代政府体制都总是采取某种形式的代表制，而并不是直接民主，即民众无法直接掌握和管理公共权力，只能选择民众中的少数精英分子代行权力。"从理论上说，正是由于权力的所有者不能使用权力，而使用者又不拥有权力，才必须将权力转移给使用者即被授权的人。这就是一切民主政治的出发点。"①现代政治的基本权力关系是：一方是权力的所有者，另一方是实际行使权力者。从本质上说，代议制政府可以做到"权为民所有、利为民所谋"，显著提高行政效率，但是就像其他一切委托代理关系一样，代理人和委托人之间存在着信息的不对称问题，从而政府所构建的制度就总是存在着一个如何获得社会公众正确理解的难题。

在实践中，政府一般通过人民代表在人民大会上了解到人民的需求，揭示出人们实际所追求的利益的客观方面和理性方面，将它们制定为法律或公共政策。黑格尔说："代表制的基础是信任，但是信任并不等于要本人亲自投票。……我们信任某人，是因为我们认为他会高度理智地、心地纯洁地把我们的事务看成他自己的事务。"②也就是说，当我投票给某人的时候，就表明了对他这个人品德及其推进公共善的能力的信任。但即便我们认为人民代表在代表大会上都能诚实且智慧，我们的意见得到充分尊重，对于绝大多数"被代表的人"来说，不但制度的具体规定是未知的，而且其客观方面和理性的方面都没有获得澄明。

认识和理解一项制度规范主要包括两个方面的内容，即这些制度的具体内容是什么，作出这些规定的理由是什么。由于普通大众在获得与之相关信息的能力是存在差异的。按照安东尼·唐斯的观点，一个人获得政治信息的能力主要依赖于三个因素："（1）他所拥有的能够用来消化信息的时间，（2）他所具备的背景知识种类，和（3）信息背后的挑选原则与他自己的挑选原则的一致程

---

① 李景鹏：《权力政治学》，黑龙江教育出版社1995年版，第187页。
② ［德］黑格尔：《法哲学原理》，范扬、张企泰译，商务印书馆1961年版，第327页。

度。"①由此可见，要使人民群众能够准确理解制度规范的内容、客观评判其意义，对其形成理性共识，就需要有诸如"人民会议"这样评价和争论的公共论坛，以使人们更为广泛地协商和讨论。

尽管普通大众并不具有对普遍事务的洞见，但像人民大会这样的公共论坛能够说明在某些特定的条件下人们实际需要的东西是什么，所能获得的东西是什么。它是作为一种链条发挥作用，即作为政府和公民之间的媒介发挥作用。按照黑格尔的理解，等级要素可以使普遍事务不仅自在地而且自为地通过公共论坛来获得存在，"也就是要使主观的形式的自由这一环节，即作为多数人的观点和思想的经验普遍性的公众意识通过它来获得存在"②。也就是说，经由公共论坛这类"链条"作用的发挥，可以把"主观的东西"变成可普遍接受的东西。

具体来说，类似于人民大会这样的公共论坛主要有两个方面功能：其一，它可以让政府了解人民的需要或者面临的问题是什么；其二，它可以将作为一个整体的国家所面临的内部和外部的问题提出来，引起人民的注意。黑格尔坚信，人民应该说出自己的意见，应该就国家的政治事务提出建议。这是他们实现自己政治自由的基本途径，每个人享有着形式的主观自由，可以对普遍事务给出自己的判断，自由发表自己想表达的任何意见，提出自己的建议。这种自由总体来说就是那种被称之为"公共舆论"的东西。"在其中，绝对的普遍物、实体性的东西和真实的东西，跟它们的对立物即多数人独特的和特殊的意见相联系。"③人民大会就是一个评价、争论和解决国家各项问题、需要的公共论坛，它的主要职责是揭示并且交换那些人们实际在追求的东西，政府的任务就是要把这些利益的客观方面和理性方面揭示出来，并将它们制定为法律和政策。也就是说，政府是表达公意的工具，将特殊性置于普遍性之下。如果政府不能具体

---

① ［美］安东尼·唐斯:《民主的经济理论》，姚洋等译，上海人民出版社2005年版，第213页。
② ［德］黑格尔:《法哲学原理》，范扬、张企泰译，商务印书馆1961年版，第319页。
③ ［德］黑格尔:《法哲学原理》，范扬、张企泰译，商务印书馆1961年版，第332页。

地了解作为各个法人之成员的人民的需要,如果它没有对他们的权利和利益表示出尊重,那么,政府就不能完成这个任务。同时,人民大会不仅可以告诉政府人民的需要或者面临的问题是什么,也能够对人民起到教育的作用,使人们学会怎样更好地认识自身利益的真正性格。因为在"人民大会"这样一种公开的辩论平台,可以发挥出教育公民的重要功能。人民群众不仅可以从这里获知自己利益的真实性质,还可以确证自己利益得以辩护的理由。按照一种普遍接受的观点来说,每一个人都知道对国家、社会有利的是什么,在"人民大会"中每个人都把它说出来。实际上并非如此,每个人所知道的都只是自己所理解的"公共善",因为信息、立场的局限性,它和真正的"公共善"并不一致,因此"人民大会"并不仅仅是一个人民群众表达意见的平台,它还需要政府各个方面的官员运用他们机智和辩才来解释这种不一致,让人民群众理解真正的公共善是什么、每个人该干什么。"但会议的公开毕竟是在一般国家事务方面教育大众的最重要手段。凡是等级会议是公开的那个民族……在对国家关系上就显出更有一种生动活泼的气象。"[1]人民大会这样一种双重功能,尽管也会带来一些不便,但它可以成为政府和公民之间统一的纽带,它的这种功能发挥的程度直接决定着法律(政策)制定能否表达公意,同时也决定着普通大众对法律的理解程度。

在某种程度上可以说,韦尔默走上了另一个极端,他认为,在现代民主政治的公共生活中,"民主的伦理生活形式"显出悖谬性的是,它必须不是作为一种"实质性的"而是作为一种"形式上的"正义,用哈贝马斯的术语来说,就是"程序性的"伦理生活观念而被凸显出来。似乎任何民主商谈都不再能够取得任何实质性的伦理结果,不管是哲学上的、神学上的还是政治的,最终都不能够对社会成员发挥强制性的作用。基于此,韦尔默认为,"民主商谈的条件确

---

[1] [德]黑格尔:《法哲学原理》,范扬、张企泰译,商务印书馆1961年版,第331页。

定了民主的伦理生活形式的核心"①。"程序性的"的价值之所以凸显，是因为现代社会结构的转型，其中最为重要的变化，就是出现了一个个由大型组织所构成的多中心社会，从而在现代社会，集体行动者具有突出的影响力，它们甚至可以左右政治权力的使用，而那些无法联合起来的个人则越来越难以掌握和行使公共权力。另外，市民社会形成了越来越多的彼此竞争的利益群体，使得体现公平正义的公共意志形成过程具有更大的困难。同时，政府组织的科层化显著提高、功能越来越大，极大助长了各行业精英、专家的权威。然而，普通大众则因为在公共生活中被"边缘化"，形成了"冷漠的大众"与"精英统治"相异化的现象。尽管说把个人权利的建制化归入民主的商谈是一种误解，但现代社会的结构转型所产生的理性多元化的社会事实，使得能够处理异质性、异议和冲突的"程序性的"商谈无法避免。

正如罗尔斯所注意到的，在现代社会，由于每个人秉持不同的哲学的、宗教的、道德的等完备性学说，导致不同价值诉求之间不可通约。在这种情形之下，不同的理性行为者之间很难就某种制度规范达成理解性共识。罗尔斯为此引入了一项颇具争议的思想实验，即所谓的"无知之幕"。它的意思是指，没有人知道自己在社会中的位置、自己的阶级地位或社会地位，他在自然财富和能力分配中的命运，他的智力和体能，等等。各方也不知道他们的善恶观或他们特有的心理素质。②

在罗尔斯看来，只有每个人对自己有别于其他人的一切特性都保持无知，才能消除理性而自利的立约人之间产生分歧的一切可能，从而人们就能客观判断一项制度是否是合乎理性的。因为在"无知之幕"之中，没有人知道如何使

---

① ［德］阿尔布莱希特·韦尔默：《后形而上学现代性》，应奇等编译，上海译文出版社2007年版，第238页。

② 参见［美］约翰·罗尔斯：《正义论》，何怀宏等译，中国社会科学出版社1988年版，译者前言第12页。

自己在与同伴谈判中获得优势地位,也没有人提出或支持片面的有利于自己的原则。"无知之幕"使人们获得相对称的社会地位,每个人的反思都起着公共反思和自我澄清的作用,这样所作出的决策就符合所有人利益、体现着公共善的观念。

实质上,罗尔斯的"无知之幕"是一种思想试验,它设定人还原到原初状态,旨在建立一种公平的程序,以保证任何能被一致同意的原则都将是公平正义的。其目的依然是试图以纯粹程序正义为实质性的正义奠基,以这种方法排除使人们陷入争论的各种偶然性因素的影响以及价值观念的分歧,引导人们正确审视社会和自然环境,在相互竞争的环境中更好地实现他们自己的利益。如果他们不知道各种选择将如何影响他们自己的利益,他们就不得不在更为根本的原则上来评价各种选择。但现实当中的人怎么可能还原到这种状态呢,似乎"在无知状态下作出根本性的政治决策更好,决策者越无知,决策就越英明"①。人们越是无知,就越是能就某种制度规范达成理解性共识。显然,这样一种思想实验是不具有可操作性的,这构成了罗尔斯理论的一个严重的局限:他把本应该证明的问题通过"无知之幕"悬置起来,而陷入循环论证之中。尽管囿于自身利益和价值诉求的个体的自我优先性行为逻辑,是制约对制度规范达成理解性共识的一个关键原因,但罗尔斯的思想试验实质上是通过否定个人利益和特殊利益而形成抽象的共同利益。如果否定个人利益和特殊利益,那么就取消了建基于制度认同之上的秩序。

哈贝马斯正是看到了罗尔斯理论当中的这个问题,从而以交往行为理论对制度规范理解性共识重新"问题化"。他认为,在具有不同利益诉求和价值取向的人们之间达成关于制度的理性共识,必须通过公共辩论和对话,这种辩论

---

① [美]约翰·罗尔斯等:《政治自由主义:批评与辩护》,万俊人等译,广东人民出版社2003年版,第135页。

和对话必须同时满足两个原则:"话语原则'D':只有那些在实践话语当中得到所有当事人赞同的规范才可以提出有效性要求。……一个规范的有效性前提在于:普遍遵守这个规范,对于每个人的利益格局和价值取向可能造成的后果或负面影响,必须被所有人共同自愿地接受下来。"[1]普遍化原则扬弃了独白式的论证方式,从"推己及人"的方式,过渡到从复数第一人称的角度看待自己的利益。哈贝马斯寄希望于通过对话伦理原则——对参与公共领域的每个人的平等对待——以达成共识,他放弃了对形而上规范的预设(超越世俗),转而把重心放在每个人的平等权利上,从而社会秩序的获得就靠权利的理性运用。在"对话原则"约束下,如果我们坚持"X"时,"X"的真实性就必须在对话和自己的判断中得到证成。由此可以看出,基于平等权利的理性运用——既包含判断真实性的能力,还包含着在特定处境中能发现"意义"和获得"意义"的能力——为达成公共事务的共识奠定了坚定基础。

哈贝马斯克服了罗尔斯独白式论证的不足,为"公民间理性"的沟通建立了基础。对话不仅可以使各种价值诉求经过公开讨论就什么是"真"达成共识,而且也实现了"个人主体性"过渡到"主体间性",从而实现平等资格主体之间的相互承认。由此可见,虽然公共协商并不是实现制度公共善的充要条件,但对于实现人们对制度的理解性共识有着不可或缺的价值。

第一,促进集体决策的正当性。可以假设一下,在面对一个存在争议的公共性问题时,法律或政策制定完全是秘密完成的,那么社会大众会是什么样的反应呢?即便这种制度本身也体现了公共善,也会让那些没有得到自己所要或所需者的反对。审慎地进行公共协商可以帮助那些没有得到自己所要或所需者,接受一个集体决策的正当性。也就是说,如果制度设计或安排的基础是审议、仔细考虑每个人的主张,而不是基于谈判者权力的大小,这样即使是无法同意

---

[1] [德]哈贝马斯:《包容他者》,曹卫东译,上海人民出版社2002年版,第44—45页。

该决策的少数人，在态度上也比较容易接受其正当性。因为通过审慎的公共协商过程，会让那些没有得到自己所要或所需者能够理解这一制度设计或安排的公共理由。

第二，鼓励在公共议题上采取体现了公共精神的观点。当人们在论辩争议性的公共政策时，很少有人是完全利他的，各界代表更不会因为彼此交流的结果，而从代表特殊利益自动转变成对公共善的关心，但是如果建构一个良好的协商平台，则可以在公共协商的过程中鼓励参与者在公共善的问题上采取较宽广的观点，毕竟公民彼此的协商和交流比凭依政治权力的决策更能使公共决策合乎公共善。审慎地进行公共协商，可以让所有参与者更加明确地感受到，在公共议题上，每个人如果都顽固坚守自我优先性的行为逻辑，任何一种集体决策都将变得不可能，从而所有社会成员的利益都会因此而受损。

第三，促进相互尊重的决策程序。即使是由一群完全利他者做决策，也并不能够调和某些道德冲突，因为有些道德问题（如堕胎）的争论，不是起因于对事实的不同看法，而是对生命价值和自由价值的对立主张。公共协商不可能使不相容的价值变得相容，但它可以帮助参与者认知到对立主张的道德优点，促进对立双方的相互尊敬。

第四，帮助改正错误。有些公共争论的原因是理解不完全，公民和官员在采取集体行动时，不可避免地会犯错，一个构造良好的公共协商平台可以提供机会，增进个人和集体对问题的了解。此外，透过论证的相互迁就，参与者可以彼此学习，从而认知到个人和集体的误解，可以发展出更经得起批判检验的新观点和政策。这样就可以最大限度克服有限理性的束缚，使决策更加科学合理。

综上所述，如果所有受某一公共决策影响的人都能够在平等参与和平等承认的条件下发出他们自己的呼声，即（1）每个人都有机会参加讨论；（2）每个人都能自由表达自己的诉求以及对别人意见进行质疑；（3）讨论不受外在压力的影响;(4)辩论评判标准只受理性本身检验,才能使集体决策充分反映他们的要求,同时也能使社会公众获得认识和理解制度合理性的必要信息。总而言之,公共协商之于制度认同的价值,不但在于促进制度体现公意(即IS与IY取得一致),而且使政府的决策能够建立在所有相关者的理性共识之上,尽管这一目的通常不可能实现,"其'不可能'不仅因为关于真理的争论是无休止的,更主要的是因为,关于正确解释基本权利和公民权利的民主争论不仅是单纯的观点的争鸣,必要的时候,它还必须在可能的共识形成之前作出民主授意的、将在实践中产生影响的决策"①。但在这一过程中,可以克服政府与公民之间信息不对称,使公民能够获得与之相关的完备信息。同时,公共协商具有培育公共精神的作用,也能促进制度认同的实现。

三、政治民主与制度绩效

表达公意的制度确证的是一个正当性的问题,即一项法令(或政策)是否应当被广泛遵守的理由。然而,制度的生命在于实施,制度实施的效果是否达成或多大程度上达成其预期目标,即制度绩效,表征着制度的有效性,它是观念的现实化,使制度或"好"或"坏"能够得到客观检验,即制度之"所是"(IS)与制度绩效(IJ)的一致程度,决定着社会公众关于制度认识性期待和规范性期待的统一能否或多大程度上得到实现,对于制度认同也有着重要意义。

制度绩效是制度实施后的具体效果,确证的是一种事实,即一项法令(或政策)的功能、目的实现的程度和状态。"只有当构成社会的人——无论是官员还是大多数私人公民——的实际行为与宪法规定、制定法规定或判例法规定所

---

① [德]阿尔布莱希特·韦尔默:《后形而上学现代性》,应奇等编译,上海译文出版社2007年版,第269页。

指定或认可的标准相一致时,这些规定才在该社会中具有实效。"①制度的正当性是一个价值判断,而制度绩效是一个事实判断,制度的正当性制约着制度绩效,制度绩效检验着制度的正当性。不具有正当性的制度不能形成社会认同,但正如前文所说,具有正当性的制度也不一定就能够获得社会认同。因为,除了人们对它不能形成正确认识外,"好"法令(或政策)也并不一定能够在其实施过程中实现其所期望的目标。根据马克思主义理论,低于社会发展水平的制度不能实现其所期望的目标,同样任何超越社会发展水平的制度也不可能获得成功。"一大二公"计划经济制度曾经在发展经济上遇到的困难,就表明仅仅有良好意愿并不一定能产生预期效果。如果一种制度规范不能渗透到实践中,不能渗透到公民生活中去,那么,自在的或者潜在的制度理性就会一直是抽象的、理论性的存在。合乎价值判断的法令(或政策)本身还有一个是否与社会现实相适应的问题。

制度绩效表征的是制度"意"的现实化,即一项法令(或政策)在其实施过程中,其所欲实现的目标是否得到实现或在多大程度上得到实现。当一种制度的绩效比较高时,由于其所欲实现的目标得到较好的实现,在这种情况下,所有社会成员都能切实从中分享一定的净收益,至少不会因此受损。较高绩效的制度使制度之"意"与其实施的现实效果之间达成了一致和统一,这种"一致和统一"意味着社会成员对制度的规范性期待与其切实感受的一致性。因此,在制度实施的过程中,社会成员能够反复体验到由此带来的好处。这样,制度性承诺与其实际效果之间、规范性期待和现实感受之间呈现出一种正向反馈的关系,反复的日常体验会不断增进社会成员对它的信赖,使制度的规范和价值内化于行为主体的信念结构之中,成为行为者自觉的行为指南。相反,如

---

① [美]博登海默:《法理学:法律哲学与法律方法》,邓正来译,中国政法大学出版社2004年版,第347页。

果制度的绩效低，即制度"意"的现实化受到阻碍，其所欲实现的目标不能有效地变成现实，从而就会使制度性承诺或者社会对其规范性期待与社会成员的现实感受之间产生一定的距离，制度的绩效越低，它们之间的距离就越大。这种距离在社会成员之间必然会引起一定的心理落差，滋生失望的情绪，甚至产生一种被欺骗的感觉。因此，绩效低的制度在人们对它的规范性期待与现实感受之间形成的是负反馈关系，使不满和怨恨等负面情绪在制度实施的过程中不断地积累起来，引发社会成员对它的疏离和敌意，制约着社会成员对它认同的形成。

制度在实施的过程中能否实现预想目标，主要取决于两个方面。其一，制度本身。如果制度本身存在缺点，不切合社会实际，一旦付诸实施，许多弱点就会显现出来，或者社会环境的改变使得原初确定的预期目标不能实现。其二，负责制度实施的机构及其执行者的性质。政府机构及其公务员是具有普遍约束力的制度实施主体，政府的性质决定着实施制度的人能否按照要求去做。这两个方面都与政治民主化密切相关。

从制度本身看，制度绩效取决于制度是否符合客观实际。制度建设不是可以仅凭人的主观好恶来进行选择的，只有切实符合客观实际，制度才可能有效。马克思在《〈政治经济学批判〉序言》中指出："人们在自己生活的社会生产中发生一定的、必然的、不以他们的意志为转移的关系，即同他们的物质生产力的一定发展阶段相适合的生产关系。这些生产关系的总和构成社会的经济结构，即有法律的和政治的上层建筑竖立其上并有一定的社会意识形式与之相适应的现实基础。物质生活的生产方式制约着整个社会生活、政治生活和精神生活的过程。"[1] 这里，马克思揭示了生产力与生产关系、经济基础与上层建筑之间的辩证关系原理，指明了制度建设的客观要求。制度建构体现着人的主观性，但

---

[1] 《马克思恩格斯选集》第2卷，人民出版社1995年版，第32页。

它是否有效取决于这种制度是否契合社会客观实际。

恩格斯说:"生产以及随生产而来的产品交换是一切社会制度的基础。"[①]尽管制度是人为选择的,但只有与生产力发展水平以及由此决定的整个社会的客观现实相适应的制度,才具有现实性,也只有这样的制度才能对社会实践产生革命性作用,推动社会的发展进步以及人的自由全面的发展。反之,不具有现实性的制度,则会阻碍社会的发展进步及人的自我实现。这就要求制度建设不能凭主观好恶或抽象的正义观念,而只能基于客观现实。正如黑格尔所说:"一种国家制度不能停留于要求应当有某种东西实现,不能停留于希望某种东西将会实现,不能停留于对可能妨碍这种东西的一些情况进行限制。只有当一种国家制度使实现的东西就是应当实现的东西时,它才名副其实。"[②]但是现实性决不是某种社会制度或政治制度在一切环境和一切时代所固有的属性,而仅仅属于"在其展开过程中表明为必然性"的东西。

只有切中生产力发展水平以及由此决定的整个社会客观现实的制度,才具有现实性。这就要求制度具有经验上的正确性,但是真理不是一件可以被占有或是作为一门统治术可进行技术操控的事物和商品。正如麦卡锡所指出的那样,真理不单纯是一个技术理性的问题,"它是正在进行中的社会实践的伦理活动,预设了'人的兄弟关系和高贵'的存在"[③]。因此,保证制度建设在经验上具有正确性,也需要民主。在总结巴黎公社经验的时候,马克思就指出:"公社可不像一切旧政府那样自诩决不会犯错误。它把自己的所言所行一律公布出来,把自己的一切缺点都让公众知道。"[④]以民主的方式进行制度建设,不但可以有效防止决策者因被其个人野心或利益所腐化而背叛人民利益,而且可以在最大程

[①] 《马克思恩格斯选集》第3卷,人民出版社1995年版,第740页。
[②] 《黑格尔政治著作选》,薛华译,中国法制出版社2008年版,第138-139页。
[③] [美]麦卡锡:《马克思与古人》,王文扬译,华东师范大学出版社2011年版,第380页。
[④] 《马克思恩格斯文集》第3卷,人民出版社2009年版,第164页。

度上避免因受人有限理性约束而犯错,使制度建设的规范性要求与客观需要统一起来。

哈耶克在其著名论文《知识在社会里的运用》中阐释了这样一个基本思想:构造一个理性的社会秩序所必需的知识,从来就没有被集中起来,或者被整合起来,而是分散在众多的独立的个体之中,呈现为零碎的甚至常常是矛盾的碎片状态。这表明,建构一个与社会现实相符的法令或政策问题就是一个知识的使用问题,知识从来就没有被完整地赋予某一个人;因而建构合乎现实需要的法令或政策就面临着这样一个任务:把原来分散在孤立个人之中而决策需要的知识,集中于一个核心权威那里。这对于那些技术性的规则尤其如此。因此,决策程序越是民主越就有利于整合"地方性"知识,克服"致命的自负",使决策更为科学、更契合实际。

从制度实施层面看,制度绩效取决于负责制度实施的政府机构的性质。政府机关在制度实施的过程中处于主导地位,或者说制度的实施不过是政治以其他方式的延续。因此,政府的性质必然制约着制度的绩效。制度实施涉及立法机关为确定制度而设计的所有活动,这些活动涉及政府的各种组织机构——部门、局、处及其公务员,这些机构必须把法律转化为可操作的规则。随着社会规模的扩大以及复杂性的增加,政府机构提升了其在制度实施过程中的作用。标准的解释是,制度规范都是一些非常宽泛的原则性规定,政府在现代社会治理中面临的许多其他方面的细节问题,必须自己来决定政策的重要细节。

制度本身的特点必然对实施过程造成影响。很多制度规范都非常复杂,最初是想在"$t, t_1, t_2, t_3\cdots$"的条件下,达到目标"$T, T_1, T_2, T_3\cdots$",这种复杂性影响着制度的实施过程。因为制度的目标和条件本身都是原则性的,或者说都非常模糊,在实施的过程中,这些因素就会变得具体起来。例如,2007年制定的《经济适用住房管理办法》,对优先群体作出一系列原则性规定,但在实施的过程中,关于标准的解释以及不同标准孰先孰后的问题就大量涌现。制度规范本身缺乏对所有具体问题的解决方法，这样就会使人们对制度的理解产生不一致。经常会出现以下这些情况：个别案件并不完全适用于已经存在的制度规范；更多的情况是，不止一项制度规范可应用于同一案件，从而产生不同的结果。制度本身的特性决定了在其实施过程中，现场工作人员必须拥有自由裁量权。

但自由裁量权可能会使职业的以及个人的动机共同促使基层公务员来扩大他们的权力、职能并增加自身的利益，使制度的价值、功能和预期目标不能在其实施过程中得到实现。希尔指出："在一套规则体系中，当手段与结果之间的关系尚不明了时，政策实施者更倾向于不按规则办事，其监督者也不愿意去执法。"[①]不仅如此，在制度实施过程中，由于公务员既要满足上司的要求，又不能辜负公众期望，而处于一种角色张力之中；或者因为个人理想与制度目标格格不入而处于价值冲突之中。因此，在同时受到这两种激励机制的影响下，那些使他们觉得值得去做的工作就可能更具有影响力，一旦眼前利益和渴望发展的动机处于上方时，他们就会顺从上司的要求或致力于个人的利益。这种差距就会削弱关心制度的人对制度实施机构的控制力。

普遍适用的制度的绩效，涉及所有现场执行者，不同地区有着不同的特殊情况，不同个体有着不同的"功德"，由此也就可能会产生一些"腐败"和假公济私的现象。在自媒体时代，"好事不出门，坏事传千里"，因此制度绩效在一定程度上还是一个主观感受，小范围的甚至个别的腐败也会在舆论场发酵，从而也会"降低"某一制度的绩效。

因此，防止制度实施的自由裁量权被滥用，保证制度的规定能够得到严格执行，制度实施的过程中就必须处于人民的监督之下，接受人民的质询。否则，很有可能出现"以情代法""以钱代法""以权代法"，或者像通常所说的"有

---

① ［英］迈克尔·希尔：《理解社会政策》，刘升华译、李秉勤校，商务印书馆2003年版，第133页。

法不依""执法不严""违法不究",法令(或政策)就像"橡皮泥"一样不能得到严格执行,那么,法令(或政策)功能和目标就不可能得到实现。正如马克斯·韦伯所说,制度实施过程公正与否取决于官僚政府机构的特点。[1]因此,只有官僚政府机构能主动接受民主代议机构的监督与控制,又积极采取灵活的形式和方法拓宽民主参与的渠道,吸纳社会团体和普通民众参与到政府的管理的过程中来,并接受他们的建议、意见和舆论监督,才能保证制度实施过程的公正,使制度的"公意"能够让普通大众切实体验到,并在这一过程中实现社会的认同。

由于社会环境的复杂性,观念上体现公共善的制度并不必然具有真实的公共善的制度效果,一旦制度实施的现实结果被人们日常体验证明违背了其价值预设,那么它就不能成功地内化为行为者的自愿行为规范,限制着人们对它认同的形成。制度认同的形成,不但制度的"意"需要通过公共理性的检验,而且它的实施效果还应得到经验性证据的支持。制度的"意"虽"好",但只有在其实施的过程中能够有效地将观念层面的"善"转变为人们切实的福利,社会成员才会在反复体验到的内在满足中完成其内在化过程。由此充分彰显政治民主之于制度认同的价值:促进制度本身实现正当性和科学性的统一,监督制度执行过程不变样、不走形,保障"好"制度能够产生"好"结果。

小 结

人为创制的法律、行政法规和公共政策等具有普遍效力的行为规范,能否获得社会广泛认同,与它本身的因素是紧密联系在一起的,如制度能否超越特

---

[1] 参见[英]迈克尔·希尔:《理解社会政策》,刘升华译、李秉勤校,商务印书馆2003年版,第137页。

殊利益羁绊而致力于社会公共利益、关于制度的信息是否实现了对称化以及制度是否被严格执行,而这些方面又都与政治民主化程度密切相关。首先,制度制定全过程的民主化,可以有效防范特殊利益的侵扰,是发现公意并使其制度化的根本性途径,促进制度实现正当性和科学性的统一,即保障制度之"所是"(IS)与"所应是"(IY)相一致;其次,制度制定过程中的广泛民主协商,本身就是实现制度相关信息对称化的一个过程,可以增进社会公众对制度形成正确的理解和认知,有效消除制度信息的非对称性,即保障制度之"所是"(IS)与人们对制度的认识和理解(IR)相吻合;最后,在制度实施环节,民主化可以有力保障和监督制度实施的规范化和正确性,避免自由裁量权的滥用,监督制度执行过程不变样、不走形,从而可以保障"好"制度产生"好"效果,即保障制度之"所是"(IS)与其实施效果(IJ)相吻合。

第四章 制度认同的认识之维

根据我们对制度认同的界定，人们对制度的认识性期待与规范性期待的统一，是制度认同形成的前提条件。强化意识形态工作的价值在于，不仅可以塑造人们关于制度"所应是"（IY）的期待，还可以促进信息的对称化，提供人们认识和理解制度规范的必备信息，进而影响人们对制度的认识性期待（即促进 IR_1，IR_2，IR_3……与 IS 之间获得统一）；而且还能够直接对社会成员的价值观念发挥建构性作用，从而影响着人们对制度的规范性期待（即促进 ID_1，ID_2，ID_3……与 ID_S 之间获得统一）。也就是说，意识形态工作可以对人们的规范性期待和认识性期待两个方面都发挥作用，前者属于意识形态的宏观层面的功能，后者属于意识形态的微观层面的功能。接下来，我们分别从马克思主义意识形态理论和穆尔扎的意识操纵理论进行分析，力图把握其中的具体机理。

一、塑造规范性期待的功能

意识形态（Ideology）的相关概念颇多，为了分析意识形态与制度之间的关系，需要把握意识形态这一概念的本质。法国哲学家德斯蒂·德·特拉西最先使用"Ideology"一词已是共识，在他那里，"意识形态"指涉一门关于观念的经验科学，即观念学。观念是受客观环境的刺激而产生的，经验是知识的唯一来源，精神现象或超自然的因素对观念的形成都没有影响。从特拉西的理论来看，观念的产生来自客观世界的刺激，人的观念的形成是一种物理过程，而不是一种精神性的过程；其次，特拉西力图将"观念的科学"的知识应用于整个社会，以促进社会的发展进步、改善人类的生活，也就是说，他将意识形态的主要目标锁定于社会与政治的改良。

马克思、恩格斯写作《德意志意识形态》时，是在对特拉西意识形态理论进行批判的基础上提出他们自己观点的。他们认为，意识形态不是什么完全客观的"观念的科学"，相反，意识形态不过是特定的一群人（阶级社会就是统治阶级）用来自我辩护的一种"虚假意识"，它具有主观的特性，为巩固统治地位服务。尽管像特拉西那样，马克思、恩格斯也强调意识形态的政治性，但他们认为，意识形态的功能不是促进社会的发展进步与改善人类的生活，而是由经济基础决定，旨在维护建立在特定经济基础之上的统治阶级的统治地位。

首先，一般观念与意识形态有着根本的不同。一般观念是人们对"现存实践的意识"，具有客观性和特异性。马克思、恩格斯指出："人们是自己的观念、思想等等的生产者，但这里所说的人们是现实的，从事活动的人们，他们受着自己的生产力的一定发展以及与这种发展相适应的交往（直到它的最遥远的形式）的制约。"[1] 一般观念也存在正确与错误之分，但这主要是由个体实践本身的局限性所导致，人们与之相联系的生产生活方式不同，就会产生与之相适应的观念、意识。因此，不同个体、不同群体之间对同一对象的意识可能是各不相同的，就像"盲人摸象"，每个人的认识都具有自身的局限性。意识形态则是一个社会"占统治地位的思想"，一个社会中占统治地位的观念体系必然是统治阶级的意识形态，它建构着我们关于社会生活中某些重要事项的观念以及价值体系。由此可见，意识形态最为核心的功能必定是为统治阶级利益服务：其一，

---

[1]《马克思恩格斯全集》第3卷，人民出版社1960年版，第29页。

广泛接受的思想（观念）是统治阶级的产物，统治阶级决定着经济再生产，也控制着思想的再生产，思想的再生产服从并服务于占主导地位的物质关系；其二，阶级的观念生产与实际的阶级利益是紧密联系的，但由于被统治阶级缺乏思想生产的条件，他们生产的观念无法与其实际利益联系在一起，而只能主要接受统治阶级的思想。

其次，意识形态是占统治地位的思想，它是对物质矛盾的表达。从事情本质来看，一个社会的物质矛盾和一般观念之间可能是相一致的，也可能是相反对的，但是为服从和服务于统治阶级利益，意识形态都只能是物质矛盾的歪曲的表达，借此把统治阶级的利益建构成社会普遍利益的代表。在《德意志意识形态》中，马克思和恩格斯认为，意识形态是一种"虚假意识"，它为矛盾提供了一个不合适的、歪曲的解释，要么忽视矛盾，要么扭曲矛盾产生的根源。在批判施蒂纳把"现实的冲突"转换成"观念的冲突"时，马克思和恩格斯指出，就像麦克斯把个人的思想看成是一种自足存在的东西一样，施蒂纳在这里则是把在思想上反映的现实冲突看成是能离开这些真实存在的冲突而自足存在。这样一来就出现了"奇迹"：每个人在现实生活之中所遭遇的真实的矛盾就变成了每个人与自己的观念的矛盾，"像圣桑乔说得更直截了当一些的那样——变成了个人和观念本身的矛盾，即和圣物的矛盾。这样一来，他就狡猾地把现实的冲突，即它在思想上的反映的原型，变成这个思想上的假象的结果了"[1]。经由"虚假意识"的作用，现实被"粉饰"、矛盾被"遮蔽"，从而变得更加有利于统治阶级的统治。乔治·拉雷恩由此归纳指出："意识形态是一种解决方案，是在社会意识层面解决在实践中无法解决的矛盾的方案。"[2] 当然这种解决不是真正的解决，而只是修正人们的看法。由此可知，只有当统治阶级真正成为普遍

---

[1] 《马克思恩格斯全集》第3卷，人民出版社1960年版，第324页。

[2] ［英］乔治·拉雷恩：《马克思主义与意识形态：马克思主义意识形态论研究》，张秀琴译，北京师范大学出版社2013年版，第26页。

利益的代表，需要修正人们看法的必要性不存在了，意识形态的虚假性才会被克服。

最后，认识的局限性也是意识形态虚假性的一个重要原因。确实，在马克思和恩格斯早期意识形态批判阶段，他们把意识形态的虚假性归之于统治的需要。但归根结底，"存在决定意识"，意识形态是由特定生产方式决定的，"虚假性"并不是其内在属性，而是由客观生产条件规定了的。毕竟，意识形态作为思想上层建筑是由经济基础决定的，它必然为自己的经济基础辩护。由此可见，如果统治阶级的特殊利益与普遍利益是完全一致性，那么，意识形态就不再具有产生"虚假性"的内生动力了。但这也并不意味着意识形态就成为"真理的学说"，因为对客观世界的认识是否具有真理性，除了受到生产方式的制约，还受其他多种因素制约，诸如主体的认识能力、认识手段等等。认识本身就是一个波浪式前进、螺旋式上升的过程，是不断向绝对真理趋近的过程，这是导致意识形态"虚假性"的客观性因素。尽管意识形态的认识论维度在马克思和恩格斯的意识形态理论中没有充分展开，但它也是影响制度认同的一个重要因素。对此，我们留待下一节论及穆尔扎的意识操纵理论时再讨论，这里主要讨论意识形态的规范性维度对制度认同的影响。

从以上讨论中可以看出，在马克思和恩格斯的理论中，意识形态主要是与真正的知识相区别的信仰观念，即意识形态是一种人们定义和分析其生活世界的信仰体系和价值观念。有了对意识形态概念的基本认识，我们就能获得意识形态和制度规范之间关系的认识：意识形态部分地构成了人们关于世界如何运转的信仰，人们信仰的一个重要方面就是限定有关人们应该怎样行动的看法（"应当"），而制度规范本身就是规定着人们怎样行动和应该怎样行动的规则体系（"是"）。这为我们评判意识形态与制度规范之间的联系提供了一个切入点：任何一种制度规范要想获得成功，就必须契合为社会所共享的意识形态，即价值观念。只有当二者趋于一致时，制度规范才会获得社会认同。换言之，只有建立在社会所共享的价值观念之上的制度规范，人们对某一制度之"所应是"（IY）才能形成共识，从而依这一价值观念所建构的制度之"所是"（IS），才可能获得社会成员的认同。

托克维尔在其名著《论美国的民主》中，详细分析了美国民主共和制度成功的主要原因。托克维尔发现，美国人都在用同样的方法指导他们的思维，这项共同准则就是美国人普遍接受的人民主权观念，从而建基于其上的各种制度也就能赢得人们高度认同。托克维尔认为："在美国，人民主权学说，并不是一项与人民的习惯和一切占有统治地位的观念没有联系的孤立学说；相反，可以把它看成是维系通行于整个英裔美国人世界的观念的链条的最后一环。"①

托克维尔认为，正是由于美国社会普遍信奉人民主权原则，并且已融入社会生活的每一个角落，即便它更多的时候是流于形式而缺乏实质性内容，才使得美国民主共和制度获得成功，因为这一特有的民情恰恰和美国所选择的制度的价值立场高度契合。民情即一个社会的核心价值观，经由它所建构的规范性期待（IY）与美国人民对民主共和制度的认识性期待（IS）取得一致，这就是全体美国人能够维护民主制度的独特原因。虽然美国人在各州建立的民主制度体系在细节和发展程度上也存在明显不同，但是这种不同也正是因为各个州的民情存在着一些明显的差别。从美国的例子中可以确定的是，根本的原因不是什么"最佳的地理位置"或者"最好的制度"，而是民情与制度之间的契合。换言之，如果没有民情的支持，任何一个政体都会因得不到民众支持而不能持续存在，即便是"最坏的地理位置"和"最坏的制度"，只要民情与制度高度契合，也能够克服各种不利持续存在下去。"民情的这种重要性，是研究和经验不断提醒我们注意的一项普遍真理。我觉得应当把它视为我的观察的焦点，我

---

① ［法］托克维尔：《论美国的民主》（上卷），董果良译，商务印书馆1988年版，第463页。

也把它看做我的全部想法的终点。"①托克维尔在他的著作中追根溯源,他发现,美国这一特殊民情来源于英格兰移民的清教教义,这种清教教义本质是一种关于世俗生活的理想观念。那些早期来到北美大陆的英格兰清教徒,都是因为在自己的祖国受到政府残酷迫害,让他们意识到自己所生活的社会日常生活侵犯了清教教义。因此,他们宁愿放弃值得留恋的社会地位和温饱生活,尝尽流亡生活的种种苦难远涉重洋,就是想在世界上人迹罕至的不毛之地,可以按照自己的信念建立一个没有压迫、自由平等的理想社会。

同样,韦伯在考察资本主义制度为什么能在西方获得成功的问题时,也把它归功于一种叫作"资本主义精神"的东西,因为资本主义精神蕴含的独特价值观与资本主义制度高度契合。按照韦伯的解释,资本主义精神不纯粹是指对财富越多越好的占有,而是一种新的生活态度,即把劳动而不是劳动创造物或休闲当作生活的目的,把劳动当作一项"天职"来履行,人们恪尽职守并用尽心力不断提高劳动的效率。这种精神蕴于宗教改革所导致的世界的祛魅化,否认世俗生活是自私的观念。"上帝应许的唯一生存方式,不是要人们以苦修的禁欲主义超越世俗道德,而是要人完成个人在现世里所处地位赋予他的责任和义务。这是他的天职。"②一旦超越世俗的道德被消解,世俗生活就获得合法地位,由此推动职业观的变革:一种职业是否有用,虽然依据还在于能否博得上帝的青睐,但现在落脚点已经成为每个人在现世里的地位和角色职责的履行,因为财富的增加能够增加上帝在尘世的荣耀,因此要得到上帝的青睐,就必须用尽心力不断提高劳动的效率,创造越来越多的财富。如此一来,积累财富也具有了崇高的宗教意义。通过财富衡量的职业成就沟通了世俗生活与神圣生活的联系。正如韦伯所指出的,作为一名信徒,上帝已经为你指明了一条道路,沿着

---

① [法]托克维尔:《论美国的民主》(上卷),董果良译,商务印书馆1988年版,第358页。

② [德]马克斯·韦伯:《新教伦理与资本主义精神》,于晓等译,生活·读书·新知三联书店1987年版,第59页。

它走，你才能心安理得，才可能获得更多的利益，反之，如果你拒绝走这条路，你就会产生沉重的负罪感，你就难以获得更多利益，更为重要的是，你就背离了职业的目的，即拒绝了成为上帝的仆人，"他的圣训是：你须为上帝而辛劳致富，但不可为肉体、罪孽而如此"①。由此可见，因为资本主义精神瓦解了传统伦理对逐利行为的禁锢，使节欲和获利活动在世俗生活中获得了高度统一，这样就会不断驱使各种生产要素投入财富生产过程之中。如此一来，资本主义制度，一种理性的、追求效率的生产方式，最终就战胜其他生产方式，从而在资本主义精神盛行的西方世界取得绝对的优势地位。

这些思想家只是解释了一种制度的成功一定有一套与之相适应的价值体系，但并没有揭示其中的真正原因。对意识形态与制度之间关系作出最彻底的揭示的还是马克思。马克思认为，一个社会的意识形态和制度体系都是受其经济基础决定的上层建筑，意识形态属于观念上层建筑、制度体系属于政治上层建筑，二者之间是相互依存、相互制约的关系。因为二者都是服务于特定经济基础的，因此阶级社会意识形态必然就是为了维护特定阶级利益。

观念上层建筑和政治上层建筑由一共同的基础决定，二者都为其服务，因此二者之间必须分工合作、协同发力：意识形态为政治上层建筑提供合法性辩护，构成后者的思想基础；政治上层建筑为意识形态提供保护性力量，构成后者的力量来源。因此，意识形态也就构成了制度认同的思想基础，任何一个社会集团或社会阶级在取得自己的政权、建立自己的制度之后，要获得社会成员的认同，就必须掌握意识形态领域的领导权，使统治阶级的意识形态（政治意识形态）成为社会所共享的意识形态。资产阶级在取得政权之后，总是会千方百计地运用意识形态工具来为自己的制度和政权论证。同样，无产阶级在夺取

---

① ［德］马克斯·韦伯：《新教伦理与资本主义精神》，于晓等译，生活·读书·新知三联书店1987年版，第127页。

政权、建立社会主义制度之后,也需要坚持马克思主义的指导,以此来激发无产阶级的阶级意识,推动无产阶级的革命实践。列宁明确指出,无产阶级政党在革命过程中的一个重要任务就是把社会主义思想、马克思主义的科学意识形态灌输到工人阶级当中,"用各种办法提高工人群众的阶级觉悟、明确他们的社会主义思想、坚定他们的革命决心并增强他们在各方面的组织性"[①]。具体来说,对于建构制度认同而言,意识形态的规范性功能主要在于塑造社会成员的规范性期待。

人生在世,每个人都追求过上一种好生活,但对于什么样的生活是"好生活"的理解取决于人的价值观念,人的价值观念则决定于需求体系。因为现代社会急剧分化,人们不但出身、偶然性际遇、生活环境、成长经历等存在显著差异,而且就业方式、生活方式也各不相同,所以人们的需求体系千差万别,由此就造成了现代社会的价值多元化。进而,人们对"好生活"的理解和定义也就不尽相同,甚至有时候还可能相互冲突、相互矛盾。任何一种制度都建基于特定的价值基础之上,规范和约束着人们的行为,也影响着社会有价值资源的分配。如此一来,就会产生一个非常尖锐的问题,即如何才能使基于特定价值基础上的制度在价值多元化的社会获得广泛认同呢?由此彰显出意识形态规范性功能的价值。意识形态的思想领导权本质上就有价值塑造功能,培养起一个社会的核心价值观,从而使广大社会成员对重要社会事务能形成价值共识。这本质上也就是对人们的规范性期待发挥塑造作用,使制度之"所应是"与广大社会成员所向往的美好生活能够契合,使具有普遍约束力的制度能够被广泛认同。

总而言之,制度认同依赖于其政治意识形态成为社会共享的意识形态,因为只有如此,才能消弭因个人自发意识多元性而造成的侵扰,实现价值整合和

---

① 《列宁全集》第19卷,人民出版社1989年版,第22—23页。

重建，使"ID_1，ID_2，ID_3…"与ID_S之间获得统一成为可能。当社会成员的规范性期待具有统一性时，具有普遍约束性和影响力的制度也才可能被广泛认同。

二、建构认识性期待的功能

从宏观层面看，意识形态是由统治阶级中的先进分子创造出来的，这些先进分子通过对现实社会状况、社会矛盾和社会历史发展规律的认识，对本阶级集团利益的认识，所形成的旨在维护本阶级利益的思想体系，并把它们输送到社会大众当中，改变或置换社会大众的原有的思想认识和价值观念，使人们全面接受统治阶级意识形态的思想，从而塑造人们的规范性期待，促使"ID_1，ID_2，ID_3…"与ID_S之间取得一致，为制度认同的形成奠定基础。意识形态除了塑造人们的规范性期待，还可以通过影响信息传播，增进人们对制度认识与理解，促进"IR_1，IR_2，IR_3…"与IS之间获得统一，进而影响着制度认同的形成。俄罗斯政治社会学家穆尔扎在其名著《论意识操纵》中，详细讨论了意识操纵的本质、必要性，以及意识操纵的现实可能性和实现路径，为我们分析信息传播影响制度认同生成的机理提供了一个有利视角。

穆尔扎说："意识操纵是通过为人的行为编制程序来对人施加精神影响的一种统治方法。这种影响用于人的心理结构，是暗中实现的，其任务是按照权力当局所需要的方向改变人们的意见、愿望和目的。"[1]就其本质而言，意识操纵是谋取统治合法性的一种权力手段。按照穆尔扎的观点，意识操纵是随着以代表制民主为基础的政治秩序的确立而发展起来的，在这之前，在"旧制度"下的国家权力并不是公共权力，因为它未能被公民所拥有，而是集中在不容置疑

---

[1] [俄]谢·卡拉－穆尔扎:《论意识操纵》(上)，徐昌翰等译，社会科学文献出版社2004年版，第39页。

的统治者手中，即君主手中。虽然说，任何一个国家的君主统治或者说君主的权力也都面临着合法化的需要，即在群众中赢得支持和服从。"但这个权力不需要意识操纵。在这种权力下，统治关系是一种'无须掩饰的、公开的、要求无条件执行的关系——从强制、镇压、统治到强制别人接受、训诫别人、下命令，——用的是简单粗暴的强制手段'。换言之，暴君只下命令，而非操纵。"①意识操纵存在的社会基础是被统治阶级主体意识的觉醒，"在民众觉醒之前没有操纵，只有专制压迫。在被压迫者没有被完全压垮之前，没有必要操纵他们"②。也就是说，当被统治阶级的自主意识唤醒后，统治阶级的地位就成为可以批判和质疑的对象，其合法性无法建基于纯粹暴力之上。意识控制就是要对觉醒了的"被统治阶级的自主意识"进行定向控制，以接受和拥护现有的统治。

现代社会意识操纵之所以必要，是因为"在神权社会和思想专制社会是公开地，甚至演示性地和仪式性地建立理想行为标准"③，"它依赖某些神圣而又牢固的思想象征和权威关系得以维持。对权威和象征的尊敬一经丧失，便是灭亡"④。在宗教改革、科学革命以及启蒙运动的作用下，每个人都成为自我行为的立法主体，瓦解了"神圣而又牢固的思想象征和权威关系"得以维持的社会基础。在现代社会，社会权力的重心不断下降，个人自主性被唤醒，每个公民都成为社会平等的主权者。

---

① ［俄］谢·卡拉-穆尔扎:《论意识操纵》（上），徐昌翰等译，社会科学文献出版社2004年版，第41页。

② ［俄］谢·卡拉-穆尔扎:《论意识操纵》（上），徐昌翰等译，社会科学文献出版社2004年版，第41页。

③ ［俄］谢·卡拉-穆尔扎:《论意识操纵》（上），徐昌翰等译，社会科学文献出版社2004年版，第53页。

④ ［俄］谢·卡拉-穆尔扎:《论意识操纵》（上），徐昌翰等译，社会科学文献出版社2004年版，第56页。

人们"行动的成功却取决于远比任何人所能够知道的多得多的特定事实"[①]，所以，人们都处于一种必然的且无从救济的无知状态之中，并且绝大多数人既不愿意把时间和精力花费在批判和怀疑一切所得到的消息上，也无法这样做，因为这需要具备一些前提条件，要既有钱又有闲，同时也要具备理性批判和怀疑的能力。对于绝大多数人来说，无批判和无怀疑地接受所获得的信息远比批判和怀疑一切来得容易。因而，普通大众在社会上的成功以及对社会的理解，都主要依赖于他人提供的信息。而事件、行为的信息又是基于对文本、词语及其他符号系统的诠释之上。"词"总是构筑在文本的上下文中才被赋予意义，也就是说，上下文变化了，同一个"词"的意义就会发生改变；"文本"（text）这个词来自拉丁语"织物，联系"（textus, texere），其意思是各种思想和词的统一，是各种联系的紧密结合体，这种联系有些是可见的，如上下文的连接词，有些是看不见的，如它所表达的意思。"文本便包含在上下文之中，文本与上下文的联系……能够捕捉到什么深度，什么广度。也就是取决于，在文本中是否能看到复杂的、看不见的现实的反映。"[②]因为，同一个"词"的含义在不同语境中会发生改变，所以由外界操纵我们的意识就有了可能。当一个人想操纵我们的意识，就可以把他获得的信息以文本或行为的方式传递给我们，他可以给我们提供一些符号，让我们将其置于特定文本之中，并希望以我们可以理解的方式来改变上下文的语境。基于此，他可以把自己编织的文本或行为与现实建立起一种联系，并把这种联系置于符号的意义系统传递给我们。对于我们来说，接受这些联系的"这种"理解是没有选择余地的。如此一来，我们对现实的理解就被控制，并且与操纵者所希望的方向趋于相一致。也就是说，通过修正文

---

① ［英］哈耶克：《法律、立法与自由》（第1卷），邓正来等译，中国大百科全书出版社2000年版，第8页。

② ［俄］谢·卡拉-穆尔扎：《论意识操纵》（上），徐昌翰等译，社会科学文献出版社2004年版，第32页。

本的意义系统可以影响我们的行为，而且我们还相信这些行为完全符合我们自己的愿望。

穆尔扎在讨论意识操纵的路径时利用了葛兰西的"文化霸权理论"。"领导权依靠社会的'文化核心'，这个核心包括对世界和人、善与恶、美与丑的观念总和，包括大量象征和形象、传统与成见、许多世纪的知识和经验。只要这个核心是稳定的，社会上就有旨在保存现有秩序的'稳固的集体意志'。"[①]如果瓦解这一文化核心的病毒在社会上得以流行，权力就会缺失合法化的途径而失去作用，由它所制定或推行的制度自然得不到人们的认同。对"符号系统、思维、情感以及想象、注意力、记忆"等意识操纵的标靶进行操纵，不仅可以摧毁某些观念和思想，而且还可以构筑新的思想、愿望和目标，以达到对人行为的定向性控制。具体来说，就是通过对公共文化、公共设施以及大众传媒的操纵，实现对社会的"文化核心"的入侵，从而"改变人们的意见、愿望和目的"，达到置换或改变人们原有的思想观念，实现信息的定向控制以左右人们对某一对象的认识。本世纪初，在独联体国家和中东、北非地区发生的以颜色命名，以和平的非暴力方式进行的政权更迭运动，其酝酿阶段多是通过对社会的"文化核心"的入侵，最终诱发民众的街头政治。

社会成员对制度的认识和理解是制度认同的构成性要素。大体上来说，人们对制度的认识和理解主要包括三个方面，即制度文本、制度背景以及制度效果。接下来，我们就从这三个方面展开分析，以显明强化信息传播管理对于制度认同的意义。

首先，信息传播影响对制度文本的理解。文本是人为制定的各种制度的存在方式，当制度制定后，首要的任务就是要把它向其所影响的人进行"广而告之"，这也是让人们认识和理解它的最基础性的工作。因为，只有人们能够接近

---

① ［俄］谢·卡拉-穆尔扎：《论意识操纵》（上），徐昌翰等译，社会科学文献出版社2004年版，第79页。

制度文本，才能形成对制度的认识和理解。按照斯科特的划分，制度是由规制性、规范性和文化-认识性三种基础要素构成。[①]然而，无论任何一种基础要素，作为文本的存在都是由符号系统所构成。符号系统不仅是物质的、意义的存在，还是情感的存在。因此，面对同一制度文本（IS），人们就可能形成关于制度的不同形象，即"IR_1，IR_2，IR_3…"。在网络社会，不但人们不同的认识和理解都可以实现广泛传播，而且还可能使某种特定理解被别有用心的人所操纵，使"IR_1，IR_2，IR_3…"等于IR_n而不是IS，那么这种制度就不能形成社会认同。由此可见，为了对制度文本形成正确理解，需要有权威性的解释，就像各种法律解释一样，努力实现各个社会成员对制度的认识和理解都能等于制度之所是，即"IR_1，IR_2，IR_3…"等于IS。

其次，信息传播影响对制度形成背景的理解。任何一种制度的制定，都是为了实现某一特定目的、解决某一问题的。因此，对制度的正确认识和理解，必然需要对"特定目的"或"问题"产生的背景有相当的了解。比如说，在进行新冠疫情防控工作时，如果不了解新冠病毒的传染性、致死率等信息，那么广大老百姓就不能认同严格的疫情防控举措；相反，当广大老百姓清楚新冠病毒有着超强传染性以及较高致死率时，那么，即便那些给人们日常生活带来诸多不便的严格防控政策，都能获得广大老百姓的广泛认同。同样的政策，有着两种完全不同的结果，其原因就在于老百姓对疫情防控政策背景的认知不同。由此可见，对制度的认识和理解，不能仅仅停留在制度文本本身。还要理解为什么需要这种制度，制度中的规制性要素为什么是这样的，等等，这样一些关于制度背景的相关信息也是不可或缺的。然而，对于这样的信息在获得上存在着显著的不对称性，如果不针对性地进行信息传播，这种信息很难达至普通老

---

① 参见［美］斯科特：《制度与组织：思想观念与物质利益》（第3版），姚伟、王黎芳译，中国人民大学出版社2010年版，第58页。

百姓。因此,需要利用各种传播媒介,大力宣传制度制定的背景知识,否则一旦"认知鸿沟"被各种错误信息填满,制度认同就难以达成。

最后,信息传播影响对制度实施效果的理解。制度实施效果起到了实践证成的作用,也就是说,"好"制度必须能够带来好的社会效果,能提高广大老百姓获得感和幸福感,才能获得广大人民群众的认同。然而,谋求社会公共善的"好"制度实施的积极效果有些与广大人民群众的利益实现并不是直接联系在一起,其中可能存在着诸多中介环节;有些还可能与人民群众眼前利益相矛盾。也就是说,制度绩效和人民群众的直接感受并不能直接相等同。其中的原因就是个人利益与公共利益、眼前利益与长远利益之间存在着"认知鸿沟"。例如,新冠病毒在德尔塔变异株出现以前,传染性和致死率都比较高,中国政府采取了严格的防控措施,这是最终取得疫情防控决定性胜利的关键。但是这期间因为严格疫情防控举措,确实也给广大老百姓的生产生活带来很大的不便。因此,需要通过各种信息传播渠道,把严格的疫情防控政策所具有的社会效果让广大人民群众获悉。否则,如果人们不知晓这样的完备信息,制度实施效果就不能被人们正确理解,那么"好"制度就会因误解而不能被认同。

因为,社会大众对制度文本、形成背景以及实施效果都存在"认知鸿沟",也就是说,依靠社会大众自身对制度的认识和理解,要想实现"IR_1,IR_2,IR_3…"与 IS 之间的统一是不可能的。更为重要的是,在现代网络社会,人们的"认知鸿沟"很容易被错误、片面的信息所填塞,从而人们的认知就可能被敌对势力用他们掌握的传播途径操纵。习近平总书记曾指出:"意识形态领域是争夺'制脑权'的没有硝烟的战场。"[1]你不去占领,别人就会去占领。总而言之,根据穆尔扎的意识操纵理论,建构制度的社会认同,不仅需要把统治阶级意识形

---

[1] 中共中央宣传部:《习近平新时代中国特色社会主义思想三十讲》,学习出版社 2018 年版,第 257 页。

态转变成社会共享的意识形态,还需要充分利用大众传播媒介,使制度的相关信息对称化能够充分实现。这样的一种自觉能够有效防范大众认知被敌对势力操纵,促进人们对制度的规范性期待和认识性期待之间的统一,从而为制度认同奠定坚实基础。

三、意识形态功能的限度

以上讨论了意识形态促进制度认同的两个方面的作用,[①]在此基础上,还有一个问题需要得到澄清,即认识之真理性与制度认同之间的关系。在哈贝马斯看来,认识之真理性和制度认同之间是一种正相关的关系,即是说,人们对一种制度规范的认识越是能够切中其本质,就越能对某一制度规范形成认同。反之,人们对它的认识越是具有局限性和片面性,就越是不可能形成对这种制度的认同。在我们看来,问题并没有看起来这么简单,其中许多细节需要得到进一步阐明。

根据我们对制度认同内涵的讨论,认识性期待是制度认同的一个构成性要素,没有这一要素,制度认同就不可能形成。但这仅仅是问题的一个方面,制度认同的形成关键在于认识性期待和规范性期待的统一及其实践之证成。由此可见,人们的认识切中某种制度之真实($IR_n=IS$),并不一定意味着就能形成对它的认同,也不意味着制度认同的认识论基础就具有真理性。

如果一种制度本身是不公正的话(即就其本质来说不契合社会的规范性期待——社会共享的意识形态),那么对它的认识越是具有真理性、越能切中其本质,就越是不可能实现对它的认识性期待和规范性期待的统一,因为不能实现

---

① 按照穆尔扎的观点,意识操纵主要是通过控制公共设施、大众传媒作用于符号系统、思维、情感、想象力和记忆以实现对人观念的定制,从而改变人们的行为。参见[俄]谢·卡拉-穆尔扎:《论意识操纵》,徐昌翰等译,社会科学文献出版社2004年版。

第四章　制度认同的认识之维

ID_n与ID_s之间的统一，从而就不能使其获得社会广泛认同；反之，如果人们对一种不公正制度的认识越是具有局限性和片面性（$IR_n \neq IS$），其不公正性就越是得不到显明，进而让人们误以为ID_n与ID_s之间是一致的，这样反而可能实现认识性期待和规范性期待的统一。由此可见，对于一种不公正的制度来说，认识的正确性、全面性与制度认同不是正相关的，而恰恰相反。

当一种制度是公正的，那么人们对它的认识越是具有真理性、越能切中其本质（$IR_n=IS$），那么它的公正性就越是能够得到显现（$ID_n=ID_s$），越是能够促进对它的认识性期待和规范性期待的统一；相反，如果对它的认识越是具有局限性和片面性，那么就会因为它的公正性得不到彰显而限制着认识性期待和规范性期待统一的实现，从而使其不能获得广泛的社会认同。因此，只有当一种制度本身是公正的时候，认识之真理性才与制度认同的形成呈现正相关的关系。

由此可见，从认识层面来看，认识本身是否具有真理性不是制度认同能否形成的决定性因素，关键在于人们对一种制度的认识性期待和规范性期待能否取得统一。意识形态之于制度认同的价值，就在于它有助于实现人们对一种制度的认识性期待与规范性期待的统一，为制度认同的形成奠定前提性条件。通过意识形态管理可以对人们的意识实施定向控制，使社会成员就某一制度规范的内容和价值的认识达成共识，即建构起人们对一种制度的认识性期待（是什么）和规范性期待（为什么）的统一，从而为制度认同的形成奠定基础。

然而，根据穆尔扎的意识操纵理论，任何一种制度，无论这种制度具体内容以及客观价值何在，通过意识操纵都能够建构起制度的认识性期待和规范性期待的统一。例如，通过意识操纵，既可以遮蔽一个不公正制度的真实信息，让人们只看到对自己有利的方面而遮蔽不利的方面，以争取社会成员的认同。例如，资产阶级为了维护自己的特殊利益而形成了虚假性的统治阶级的意识形态，以建构人们对资本主义制度体系的认同。但正如马克思、恩格斯所言："资产者的假仁假义的虚伪的意识形态用歪曲的形式把自己的特殊利益冒充为普遍的利益。"[1]只要资本主义意识形态的虚假性没有被社会实践击穿,资本主义制度就仍然能够被认同。同样,意识操纵也可以使人们把握一种公平正义的制度的真实而充分的信息,以建构起认识性期待和规范性期待的统一。这是否意味着一切制度都能够通过意识形态的作用而获得社会认同呢?答案显然是否定的。如前所述,意识形态的功能在于使人们对一种制度的认识性期待和规范性期待获得统一。这是制度认同形成的前提,不具备这样一个前提条件,任何一种制度都不可能获得广泛的社会认同,但是,仅有这样一个条件还并不一定能够导致制度认同的形成。

认识性期待和规范性期待的统一只是制度认同形成的充分条件,而不是充要条件。为了解释这一点,我们可以利用在当今社会生活中存在的"合同欺诈"的例子来说明。对于一个理性的行为人来说,在对合约内容一无所知的情况下,通常是不会作出决定的。在营销人员向我们宣传和介绍——其实质就是一种意识操纵的过程——时,他可以对其产品进行客观、真实的介绍,也可以突出对买者有利的方面,对买者有明显不利的内容,通常不做介绍或有意隐瞒,以建构起人们对这种产品认识性期待与规范性期待的统一,只有这一目标实现后,即消费者觉得这种产品符合自己的需求,消费者才会购买。但消费者会产生两种完全不同的消费体验:一是证实了购买前的判断,觉得"物有所值",就像营销人员所介绍的那样"好";二是购买后的体验让人们觉得自己被"忽悠"了,完全不像营销人员所说的那样。前者证成了认识性期待与规范性期待的统一,人们就会对这种产品产生"认同";而后者则使认识性期待与规范性期待二者之间的统一割裂开来,必然会遭到反对。

不公正的制度虽然可以通过意识形态建构起认识性期待与规范性期待的统一,但在其实施的过程中这种制度的不公正性就会显现出来,从而瓦解原初通

---

[1]《马克思恩格斯全集》第3卷,人民出版社1960年版第195页。

过意识操纵所建构起来的认识性期待与规范性期待的统一，阻断制度规范的内在化。对于一种公正的制度来说，由于"好"制度并不必然会产生好的结果，制度实施实际效果与制度本身是否科学、是否切实得到执行、执行者的素质等因素有关。因此，"好"制度也存在一个实践证成的问题，只有制度性的承诺能够得到有效实现，才能因其能够证成认识性期待与规范性期待的统一，使制度规范在其实施的过程中实现内在化。如果制度实施过程不能有效地实现其目标，就会瓦解认识性期待与规范性期待的统一而阻断制度规范的内在化。

马克思说："观念的东西不外是移入人的头脑并在人的头脑中改造过的物质的东西而已。"①意识的本质是客观存在的主观映像，虽然通过意识形态可以改变人们对某一客观对象的主观映像，但不能改变对象本身。当对象的真实本性在实践之中显现出来时，人的意识必然会被修正。因此，虽然说通过意识形态可以建构起人们对它认识性期待和规范性期待的统一，但它是否能够获得社会广泛认同，最终要取决于认识性期待和规范性期待的统一能否在制度实施的过程中得到证成。这也就是说，认识性期待和规范性期待的统一是制度认同形成的前提条件，最终能否形成对它的认同，还取决于实践之证成。

由此可以看出，对于制度认同来说，意识形态存在两个方面的约束：

第一，意识形态本身是否科学。只有在科学的意识形态基础上的操纵，才能使其建立起来的认识论期待与规范性期待的统一能够获得实践的证成。虚假的意识形态尽管披上了"迷彩"的外衣，但"谎言"一旦被实践击穿，建基于之上的制度必然会遭到反对。季羡林关于"认识与信仰"之间关系的论说，有助于我们把握认识之真理性与制度认同之间的关系，他说："对世界上的任何宗教，只要认真地用科学方法加以探讨，则会发现它的教义与仪规都有一个历史发展过程，都有其产生根源，都是人制造成的，都是破绽百出，自相矛盾的，

---

① ［德］马克思：《资本论》第1卷，人民出版社2004年版，第22页。

有的简直是非常可笑的。"①人们对某一对象的认识发生改变了,自然就会改变对它的态度、判断和情感,进而会改变基于原初认识之上的认同标准。

第二,实践约束。尽管通过意识形态可以建构起认识性期待和规范性期待的统一,但如果在制度实施的过程中,这种统一不能得到证成,就会积累不信任的社会情绪,瓦解先前建立起来的统一性;只有制度实施的效果不断证成二者之间的统一,制度规范才会内化于人们的信念结构之中,获得社会认同。因此,那些制度的实施效果是清楚明白的,能被社会大众的实践经验反复证明,意识形态功能的发挥就可以促进制度认同;如果制度实施的效果无法被社会大众的经验检验,则需通过意识形态工作克服制度实施环节的不利,促进制度认同的形成;而对于那些实践经验不仅不能证成反而证伪的,则意识形态对此无能为力。

总之,由于各种制度规范作为一种抽象而复杂的存在物,普通大众在关于它们"是什么"以及"为什么"上无法自主地达成理解共识,从而一种制度要获得广泛的社会认同,首先取决于通过意识形态工作能否建构起对制度的认识性期待和规范性期待的统一,其次是通过意识形态工作所建构起的认识性期待和规范性期待的统一能否得到实践证成。前者反映着意识形态工作之于制度认同形成的价值;后者则规定着意识形态工作的限度。

四、意识形态工作的价值和限度:一个实例分析

接下来,我们将根据计时工资和计件工资制度的分析,进一步分析意识形态工作之于制度认同的价值和限度。

在阶级社会,财富生产者与依靠他人劳动产品生活的人之间的关系,是被

---

① 季羡林:《佛教十六讲》,长江文艺出版社2010年版,第2页。

剥削者与剥削者之间的关系，是剩余生产者与剩余剥夺者之间的关系，区别仅在于获得剩余的方式不同。奴隶社会中，奴隶是奴隶主的会说话的工具，奴隶生产的一切连同他本身都归奴隶主所有，奴隶主对奴隶的剥削最为残酷、最为直接。因此，当奴隶的自我意识被唤醒，奴隶制度就处于危机之中。在封建社会生产关系下，地主阶级则凭借对土地的所有权以租金形式占有农民的剩余劳动，农民为了生存，必须按照地主的意愿租种他们的耕地以维持生计，代价是付给地主一定数量的实物、金钱或劳动服务，实际中，通常是以某种组合的形式向地主缴纳租金。但是，在这种生产关系当中，地主就必须依靠超经济的手段来剥夺剩余劳动。必要劳动和剩余劳动在时间和空间上分离，使得对剩余劳动的占有是透明的，这样，封建主义的生产和再生产就是地主和农民之间利益矛盾和敌对性的积累过程。

在资本主义生产关系下，尽管取消了人身依附关系，资本家和工人之间是"平等"的交换关系，但因工人缺乏生产资料而不能自主地通过改造自然来提供自己及家庭生活所需的生活资料。他们缺乏生产手段，即原材料和生产工具的所有权，为了活下去只能出卖自己唯一的所有物，即劳动力，他们获得的工资不过是资本家对劳动力使用权的一种回报。工人让渡自己劳动力的使用权获得一定数额的工资，表面上看起来工人的工资就是他们的全部劳动的补偿，事实上工资只是他们部分劳动所得，其他部分则被资本家所占有。工资消灭了必要劳动和剩余劳动、有酬劳动和无酬劳动之间的一切痕迹。因此，资本家利用工资形式来占有工人的剩余劳动，掩盖和遮蔽了资本家和工人之间的矛盾和利益冲突，使资本主义的剥削性质更为隐蔽，资本主义由此获得了超越以往任何形式生产关系的优势。

资本主义工资制度将工人和资本家建构为自由而平等的行为主体之间的交换关系，不同的工资制度不但表征着资本家和工人获得报酬的方式，而且揭示了工人的自我实现以及工人和资本家之间的敌对关系的呈现方式。正因为工资制度具有这样的重要意义，这里，我们将借助于马克思的工资制度理论以显明意识形态之于制度认同的价值及其限度。

众所周知，计时工资和计件工资是资本主义的两种基本薪酬制度。[①]虽然计件工资不过是计时工资的一种转化形式，但由于前者能够有效地实现对工人的意识的定向控制，更为有效地遮蔽资本家对工人的剥削，从而更能获得工人的认同。马克思说："计件工资是最适合资本主义生产方式的工资形式。"[②]他为此还引用约翰·瓦茨的一段话作为佐证："计件劳动制度标志着工人史上的一个时代；它是介于受资本家意志支配的普通短工的地位和不久的将来有希望一身兼任手工业者和资本家的合作手工业者之间的阶段。计件工人即使在靠企业主的资本从事劳动时，实际上也是自己的雇主。"[③]与计时工资制度相比较，计件工资进一步把工人与资本家之间的敌对关系掩盖了起来。

（一）计时工资制度

顾名思义，计时工资就是根据时间来计算和支付工人工资的一种制度形式。比如，年薪制、月薪制、时薪制等等，它们就是劳动力年价值、月价值、时价值的转化形式。工人按照一定的时间把自己的劳动力出卖给资本家，工人得到一定的工资额，资本家获得的是这段时间内劳动力的支配权和使用权。计时工资的一般规律是："如果日劳动、周劳动等等的量已定，那么日工资或周工资就决定于劳动价格，而劳动价格本身或者是随着劳动力的价值而变化，或者是随着劳动力的价格与其价值的偏离而变化。反之，如果劳动价格已定，那么日工

---

① 资本主义的薪酬方式当然远不止这两种，由于此处的目的在于揭示意识控制之于制度认同的价值，因此只考察这两种典型工资制度而不考虑其他变种形式的可能。

② ［德］马克思：《资本论》第1卷，人民出版社2004年版，第640页。

③ ［德］马克思：《资本论》第1卷，人民出版社2004年版，第633页，脚注（45）。

资或周工资就决定于日劳动或周劳动的量。"①工资总额＝劳动价格×工作时间（劳动价格是指单位劳动小时的价格）。

举例来说，如果劳动力的日价值是3元，为5个劳动小时的价值产品，工人每天工作10小时，那么，劳动价格就是0.3元/小时。也就是说，工人每天劳动10小时其中一半劳动时间是必要劳动，一半则是无偿为资本家所占有的剩余劳动，工人获得3元钱工资，资本家获得3元钱剩余价值。但从表面上看，工人的3元钱工资是10个小时劳动创造的全部价值总和，工人和资本家之间是一种完全等价的交换。尽管工人对计时工资的形成机制并不清楚，但在这种制度实施的过程中，尤其是在生产危机的时候，这种"自由的等价交换"的假象就可会被揭穿，使工人意识到自己被奴役和支配的地位，显明工人和资本家之间的矛盾性和对抗性。

首先，工人和资本家有着相互矛盾的行为动机。在计时工资制度下，工作时间和劳动价格有着明确的规定，对于资本家来说，他们的利益能在多大程度上得到实现，取决于工人的劳动质量和劳动时间的利用效率。因此，为了获得更多的剩余价值，必然会在工作时间中对工人实施最严格的监督和控制，以提高工人劳动强度和劳动效率，在规定的劳动时间中生产出更多符合市场需要的产品；对工人来说，工人要获得每天的工资，生产什么，怎样生产等等，一切都是处于资本家严格的控制之中，必须听从资本家及其代理人的指挥，工人在劳动过程中没有任何自由可言，完全是一种强迫的被动劳动，而且，更为重要的是，工人利益最大化的要求与提高劳动强度和劳动效率的要求是相悖的，这样，工人在劳动展开的过程中就逐渐意识到自己受奴役和屈从的地位。

其次，计时工资制度建构起工人的不平等意识。工人的天赋、劳动熟练程度以及所受教育等都存在客观差异，由此决定着一些工人只能从事简单劳动，

---

① ［德］马克思：《资本论》第1卷，人民出版社2004年版，第625–626页。

一些工人则从事熟练劳动；一些工人只能从事体力劳动，一些工人则从事脑力劳动。从事不同性质劳动的工人在单位时间内创造的劳动价值量必然存在差别，因此，工人们的劳动价格就存在差别，从而在相同劳动时间里，工人们所获得的工资额明显不同。应该说，由工人本身受教育程度和劳动熟练程度不同导致工人之间工资的差别，有着客观的必然性。但是在计时工资制度下，这种具有客观必然性的差别，或许工人也承认工资差别应该存在，具体到自己的工资应该多少，尤其是和别人的工资差别是多少，在工人看来，只不过是资本家的一种"主观任意"行为，因为，给不同的人规定不同的工资好像完全取决于资本家个人的好恶，无论是工资高的，还是工资低的，都会感觉自己没有得到公平对待，由此，也就会建构起工人的不平等意识。

最后，工人和资本家之间的矛盾会逐渐显性化。工人劳动效率只与资本家的收入成正比，即工人效率越高，资本家得到剩余价值越多，但工人自己的工资却并不会因为劳动过程中付出更多的努力而得到提高，有时甚至呈相反的关系。而且在劳动生产率和市场环境发生改变的时候，资本家可以凭借在生产中的支配性地位，非常方便地将一切损失转嫁给工人。正如马克思所指出的，资本家为了牟取更多的剩余价值或防止自己的利益受到损失，"他可以破坏就业方面的任何规则性，完全按照自己的方便、意愿和眼前利益，使最惊人的过度劳动同相对的或完全的失业互相交替"①。例如，当劳动价格下降时，意味着资本家在固定的劳动时间内所获得的剩余价值量减少，资本家可以通过延长工人的劳动时间或增加工人在单位时间内的劳动强度，避免其利益受到损失，但工人获得相同的工资却要为之付出比以前更多的劳动；当劳动价格上升时，资本家可以不增加工人的工资而获得更多的剩余价值，或者通过缩短劳动时间和裁员，在保证其利益时，让工人承担就业不足所带来的痛苦。在计时工资制度实

---

① ［德］马克思：《资本论》第1卷，人民出版社2004年版，第627页。

施的过程中,这一切都会使工人意识到他们与资本家之间利益的不一致性以及对抗性。

正是因为计时工资制度具有以上三个方面的特征,所以,这一工资制度实施的过程,就是资本家和工人之间矛盾的不断积累和显现的过程。正如美国社会学家迈克尔·布若威在返回工作现场所发现的那样,在实行计时工资的情况下,由于劳动过程的各个环节都在资本家及其代理人的严格管控之下,从而所有关乎工人利益实现的因素最后都集中到资本家及其代理人身上,这样工人就必然将自己的失败归咎于他们。工人真实的感受是自己处于一种被奴役和被剥削地位,这使工人与资本家之间的"自由的等价交换"的假象最终被揭穿。

(二)计件工资制度

顾名思义,计件工资就是按照劳动产品的数量计算和支付工人工资的一种制度形式。比如,根据预先规定的计件单价,确定工人生产的合格产品数量,那么,工人工资总额=产品数量×计件单价。劳动时间的价格是由符合一定质量标准的一定量产品来计量,工人的工资额取决于他在一定时间内所能生产的合格产品的数量。从表现形式来看,似乎计件工资与计时工资完全不同,但其实质是相同的。根据马克思的解释,计件工资无非只是计时工资的一种转化形式,[①]它丝毫没有削弱工人和资本家之间的敌对性,甚至对工人的剥削更为残酷,因为"计件工资有一种趋势,就是在把个别工资提高到平均水平以上的同时,把这个水平本身降低"[②]。那么,为什么这种工资制度比计时工资制度更能赢得工人的认同呢?其原因在于计件工资制度有着以下三个方面的特征:

首先,工人在劳动过程中拥有一定的"自主决策权"。在计时工资制度下,

---

① 参见[德]马克思:《资本论》第1卷,人民出版社2004年版,第634—635页。
② [德]马克思:《资本论》第1卷,人民出版社2004年版,第639页。

工人的劳动过程完全是在资本家及其代理人的监督下被动进行的,一切都要听从指挥,但在计件工资制度下,劳动产品的质量和数量决定着工人的工资。也就是说,工人的劳动产品只有达到产品的平均质量要求,计件价格才能得到完全的支付,工人的劳动才能得到承认。资本家只需关心最终产品是否达到质量要求,对工人劳动过程的直接监督和管理大部分就显得多余。工人要想获得更多的生活必需品,自己必然会操心生产的全过程以生产出更多符合质量要求的产品。这样,在劳动过程中,工人就拥有一定的自主权,可以根据自己和家庭的实际情况来安排自己的劳动时间,自主地组织劳动过程。通过计件工资制度本身实施对工人劳动的质量和强度的控制,非但没有影响资本家的利益,反而因为工人自主意识的觉醒使工人和资本家的利益获得"一致性",更有利于资本家利益的实现。马克思说:"计件工资给个性提供的较大的活动场所,一方面促进了工人个性的发展,从而促进了自由精神、独立性和自我监督能力的发展;但另一方面也促进了他们之间的互相竞争。"[1]这是计件工资比计时工资制度更能赢得工人认同的一个重要因素。

其次,工人得到了形式上的平等对待。资本家利用计件工资给工人劳动强度确定一个客观的计算尺度,即"只有体现在一个预先规定的并由经验确定的商品量中的劳动时间,才被看作是社会必要劳动时间,并当作这种劳动时间来支付报酬。"[2]这个标准对于同一工种的所有工人是完全一致的。因此,具有不同劳动熟练程度的工人虽然获得不同的工资,但会使人意识到工资差异与资本家个人的好恶无关,而是取决于每个人的自身条件及努力程度。也就是说,如果双方就计件工资的价格达成一致的话,那么工人能否获得更大的利益,取决于工人自身的劳动质量和强度,似乎和资本家没有什么关系了。计件工资制度

---

[1] [德]马克思:《资本论》第1卷,人民出版社2004年版,第639页。
[2] [德]马克思:《资本论》第1卷,人民出版社2004年版,第636页。

以这样一种客观尺度，克服了由资本家直接规定不同工资的主观印象，使工人们觉得自己得到了平等对待。

最后，工人和资本家的利益得到形式上的统一，进一步掩盖了他们之间的矛盾。在计时工资制度下，工人和资本家的利益被建构为一对矛盾体，他们之间的利益是相互否定的。但在计件工资制度下，工人利益的实现取决于工人生产符合质量要求的产品数量，要想获得更多的工资，就必须努力工作，生产出更多符合要求的产品。因为单位产品中包含着一定的剩余价值，因此，工人收入越高，资本家获得的剩余价值也就越多。工人和资本家之间的利益得到形式的统一，进一步掩盖了资本家获得更多剩余价值是建立在对工人更为严重的剥削基础之上的事实。另一方面，计件工资能够有效分散工人和资本家之间的矛盾，因为生产过程中不同工种或不同工序上的工人之间的协作，也影响工人利益的实现，这样工人也就会将自己的失败归于其他工友的不合作。[1]布若威的研究表明，在计件工资制度下，生产过程的衔接趋于自主化，工人的利益能在多大程度上得到实现，好像取决于工人之间的人际关系，与资本家没什么关系了，这样"将工人建构为身处诸多相互竞争与冲突的他者中的一员，既掩饰了他们共同的阶级属性，即同属于一个为了工资而出卖其劳动力的生产者阶级，也掩饰了他们与占有他们的无偿劳动的另一种阶级的区别"[2]。内部劳动市场和内部国家的运作，为资本家赢得了剩余价值但又遮蔽剩余价值的来源，"企业通过组织、转移和压制斗争，通过把公司的利益建构和表达成所有人的利益"[3]。因此，在计件工资制度下，尽管工人和资本家之间利益的敌对性没有任何改变，但形式上的一致性与其建构的矛盾化解机制，有效地促进了工人对它的认同。

正是由于计件工资制度具有上述特征，所以尽管它没有丝毫减轻资本家

---

[1] 参见［美］迈克尔·布若威：《制造同意》，李荣荣译，商务印书馆2008年版，第66页。
[2] ［美］迈克尔·布若威：《制造同意》，李荣荣译，商务印书馆2008年版，第89页。
[3] ［美］迈克尔·布若威：《制造同意》，李荣荣译，商务印书馆2008年版，第121页。

对工人的剥削，甚至更具剥削性，但计件工资制度把工人与资本家建构成一个"利益共同体"，工人不仅不能充分意识到自己受奴役和受剥削的地位，反而使工人感到自己与资本家之间是自由而平等的资格主体。工人对计件工资制度的认识性期待与规范性期待的统一，是它能够获得工人认同的关键原因，使其成为"最适合资本主义生产方式的工资形式"。

（三）意识形态作用的价值及限度

人们对制度的认识性期待与规范性期待统一，是制度认同形成的前提条件。由于各种制度规范作为一种抽象而复杂的存在物，普通大众无法自主地在关于它们"是什么"和"为什么"上达成理解共识，意识形态通过信息的定向控制，使人们对制度内容达成理解共识；由于每个人自发的规范性期待各不相同甚至相互抵牾，没有一种制度能与之完全契合，意识形态通过发挥"占有他人意志"的功能，培育社会核心价值观，形塑人们的规范性期待，使个人内在需求与社会规范相融合。意识形态功能的发挥，促进人们对制度的认识性期待与规范性期待的统一，奠定了制度认同形成的思想基础。

意识形态可以建构起人们对任何一种制度认识性期待与其规范性期待的统一，但能否形成对它的认同，最终取决于这种统一在制度实施的过程中能否得到证成。具体来说，意识形态对于制度认同的建构受到三个方面的约束。

第一，意识形态本身是否具有科学性。意识形态可以实现信息的定向性控制，左右人们对制度的认知和理解，但"真理不是一件可被占有或者是作为一门统治术可进行技术操控的事物和商品"[①]，归根结底，实践才是检验认识真理性的唯一标准。因此，如果通过意识形态向人们提供的制度信息是真实的，由此建立起与人们规范性期待的统一性，就能够经受实践的检验和证明。但如果

---

① ［美］麦卡锡：《马克思与古人》，王文扬译，华东师范大学出版社2011年版，第380页。

意识形态向人们提供的制度信息是虚假的,即便披上了"迷彩"的外衣,"谎言"一旦被实践击穿,在此基础上与人们规范性期待的统一性就会被解构,人们必然就会反对这种制度。计件工资制度之所以能够获得一定的成功,也只是因为在特定的实践水平下,工人们对它的认识性期待和规范性期待的虚假统一性没有被社会实践击穿而已。只有意识形态本身是科学的,才能为人们提供制度的真实信息,经由纯粹为统治阶级服务的意识形态的中介,人们所获得的制度信息必然是被粉饰过的。由此可见,意识形态本身是否具有科学性是其发挥制度认同建构作用的一个限制性条件。

第二,意识形态形塑规范性期待的有效性。现代哲学获得了一个重大洞见:单个的主体既无法形成一条规则,也无法遵循一条规则。作为一个人为构造的权责体系和行为规范,制度反映的是个人与共同体内其他人之间关系的主观理解。由于现代社会的人已从"外在授权的自我"成长为"内在授权的自我","对于这个自我,一切约束都被撕破了,他只愿在自我欣赏的环境中生活着"[1],价值多元化已然成为现代社会一个不争的事实。这样一来,任何一种体现"普遍理性"的制度,都不可能契合所有社会成员的规范性期待,赢得人们认同。尽管意识形态可以通过"占有他人意志"功能的发挥形塑人们的规范性期待,但是意识形态领域是一个"看不见硝烟的战场",能否有效应对"日常意识的自发逻辑",胜过与之相竞争的意识形态,扬弃自我中心性的规范性立场,以社会的主流意识形态重塑人们的规范性期待,涵化出"普遍化他者意识",践行社会的核心价值观,这是让人们自己清楚地意识到体现"普遍理性"的制度与自己利益具有一致性的必要条件。因此,一个社会主流意识形态形塑社会成员规范性期待的有效性,也是其发挥制度认同建构作用的一个限制。

第三,制度实施的绩效。制度绩效是制度实施后的具体效果,确证的是一

---

[1] 转引自[德]哈贝马斯:《现代性的哲学话语》,曹卫东等译,译林出版社2004年版,第22页。

种事实,即一种制度的功能和目的实现的程度与状态,而制度体现"普遍理性"则是一个价值命题。事实与价值的统一不是一个观念问题,必须经过实践的中介才能实现。根据马克思主义理论,与客观实际不相吻合的制度,不论是低于还是高于社会发展水平,都不能有效实现制度预期目标。同时,制度目标的实现还依赖于负责制度实施的各个主体能够切实执行制度的规定,使制度目标在每个具体事件中都能得到充分实现。如果一种制度不能渗透到实践中,不能渗透到社会成员的社会生活中,那么自在或潜在的制度理性一直只能是抽象的、理论性的存在,阻碍着制度认同的形成;只有制度实施的效果不断证成二者之间的统一,制度规范才会获得社会认同。虽然意识形态功能的发挥有助于建构起人们对制度认识性期待和规范性期待的统一,但制度实施的绩效独立于意识形态功能。因此,制度绩效也是意识形态发挥制度认同建构作用的限制性条件。

综上所述,意识形态通过制度信息的定向控制、形塑社会成员的规范性期待,使其与人们对制度的认识性期待达成统一,对制度认同的建构有着十分重要的意义。但制度认同最终能否形成,取决于人们对制度的认识性期待和规范性期待的统一能否经受实践的证成。意识形态的科学性受政权性质决定,意识形态领域斗争的复杂性决定着其形塑人们规范性期待的有效性,意识形态对制度绩效的影响甚微,这三个方面都制约着人们对制度的认识性期待和规范性期待统一的实践证成,构成了意识形态作用的限度。

小 结

认识之维是制度认同的中介环节,其中涉及两个方面:一是人们对制度内容的认知和理解,影响人们对制度的认识性期待;二是人们对主流意识形态的接受,塑造人们的规范性期待。对制度的认识性期待和规范性期待的统一是制度认同的前提条件,而它们都与意识形态工作密切相关。根据马克思主义意识形态理论，宣传和教育可以实现主流意识形态的领导权，置换社会自发意识，这其中包含着一个对于制度认同而言极其重要的环节，即形成全社会具有高度共识的核心价值观，从而塑造个人的规范性期待，即促进"ID_1，ID_2，ID_3…"与ID_S之间获得统一；根据穆尔扎的意识操纵理论，意识形态工作可以帮助人们形成对制度的正确理解、促进制度信息的对称化，如此一来，就可以使各个地方、各个阶层的人对制度的理解形成共识，即促进"IR_1，IR_2，IR_3…"与IS之间获得统一。由此可见，提高意识形态的科学性、加强对意识形态工作的管理，对于实现社会成员对制度认识性期待和规范性期待的统一意义重大。

改革是制度的成熟和定型的过程，也是制度的"破旧立新"过程，制度建设是其中关键环节。因此，在以进一步全面深化改革推进中国式现代化的进程中，需要更加重视制度认同的认识之维。因为，当今社会已处于信息化时代，信息传播具有了鲜明的全球性和及时性，并且自媒体传播的影响力日渐提高。在这一背景下，要增强社会大众对中国特色社会主义制度体系的认同，除了要实现制度本身符合科学性与正当性、促进社会的公平正义之外，还必须更加重视对制度建设全过程的信息传播和诠释工作，以增进社会公众对新建制度的正确理解，避免受"小道信息"的影响而产生认识偏差；必须更加重视意识形态工作，严格落实意识形态责任制度，加强网络传播内容审查和监管，牢牢把握意识形态的领导权，铸牢理想信念根基，以社会主义核心价值观形塑社会成员规范性期待。

当然，制度认同最终能否形成，取决于人们对制度的认识性期待和规范性期待的统一能否经受实践的证成。因而制度绩效也构成了意识形态作用的限度。

第五章　制度认同的主体之维

以上制度之维、认识之维两部分讨论的只是影响制度认同的外部性条件，当然它们极其重要。然而，归根结底，制度认同是行动者自主的理性选择。因此，研究制度认同问题，如果不考虑主体性条件就是不完整的。一种"好"的制度，谋求的是社会公共善，尽管具备了获得社会认同的制度性条件，但是它并不直接契合每个理性行为者的利益和价值偏好。通常情况下，社会公共善是各种特殊利益、私人利益的最大"公约数"，与每个人的具体利益和价值偏好不可能总是一致的，相反，它们之间常常是相互矛盾甚至相互敌对的（$ID_s \neq ID_1$，ID_2，$ID_3\cdots$）。因此，如果没有必备的公民素质作为内在支撑，"好"制度也不会获得广泛的社会认同。

一、现代性的自我理解

在讨论制度认同内涵时，我们已经指出，自我意识或者说"我"最为看重的东西构成了制度规范的自我建构维度（ID_1，ID_2，$ID_3\cdots$），这是决定某一制度规范是否能获得"我"认同的内在依据。因此，考察现代性自我理解的特征，就可以显明制度认同形成所需的主体性条件。

黑格尔在《精神现象学》中，根据精神发展状态把人类社会的发展区分为两个发展阶段，即"原始伦理实体"阶段和"法权共同体"阶段。虽然现代性的自我理解植根于法权共同体，但要理解它则需要有原始伦理实体阶段的"自我理解"作为参照。

按照黑格尔的观点，原始伦理实体是以血缘关系和地域性等"实体性"关系为基础的原始伦理共同体。在这样的共同体中，伦理有着根本的重要性。黑格尔指出，伦理精神"就是一切个人的行动的不可动摇和不可消除的根据地和出发点，——而且是一切个人的目的和目标，因为它是一切自我意识所思维的自在物"①。在原始伦理共同体中，个人只有肉体上是独立的，精神上则完全依附并从属于共同体。黑格尔说："个体性在这个王国里，一方面只出现为普遍的意志，另一方面则出现为家庭的血缘；这样的个别的人，只算得是非现实的阴影。"②传统社会，无论是生产活动还是生活活动都具有极大局限性的，因缺乏流动性而始终处于稳定的社群之中。这种生产生活的典型的地方性，制约着人的自我理解，使它总是隶属于一个群体，即"我们"的意识明显强于"我"的意识。正如马克思所说："虽然个人之间的关系表现为较明显的人的关系，但他们只是作为具有某种规定性的个人而互相发生关系，如作为封建主和臣仆、地主和农奴等等，或作为种姓成员等等，或属于某个等级等等。"③这种缺乏自主意识的依附性，必然导致一种依附性形式的道德关系。正如泰勒分析指出的，前现代的道德秩序"是围绕社会中的等级制概念展开的，这种等级制表达和对应着宇宙中的等级制。它们在语言上得以理论化是来自柏拉图-亚里士多德式的'形式'（Form）概念，不过隐含的概念也大量见于有关'对应论'的理论中（比如说，王国中的国王就相当于动物界的狮子，相当于鸟类中的雄鹰，如此等

---

① ［德］黑格尔：《精神现象学》（下卷），贺麟、王玖兴译，商务印书馆1979年版，第2页。
② ［德］黑格尔：《精神现象学》（下卷），贺麟、王玖兴译，商务印书馆1979年版，第20页。
③ 《马克思恩格斯全集》第30卷，人民出版社，1995年版，第113页。

等)"①。这也就是柏拉图在理想国智识性筹划过程中坚持的核心原则，一个人按其本性来说应该是一个手艺人或者一个生意人，但是如果因为其他什么原因，比如，占有丰厚财富、控制着选举或者其他超凡能力，受到他人的蛊惑，而成为了或试图成为其他等级的人，如从一个手艺人变成了军人等级，或者从一个军人等级爬上他并不配拥有的立法者或护国者等等级，对共同体都会产生灾难性影响②。固守自己在群体之中的地位，做该做之事，就是伦理共同体之中个体的规范性意识。这种伦理共同体中，恰如古希腊城邦中，个人所能了解的自由是片面而局部的，也就是说，只有那种作为集体中的成员所享有的自由。个体独立、自我决断、良心的权利、主体性和差异性等这些原则，在很大程度上都没有发展起来；此外，伦理生活还处于未经反思的层面，还只是被动的从属于习惯或者习俗。因此，就其本身而言，伦理共同体的生活太过浅白、太过直接，而没有自我意识。

由于在伦理共同体中私人领域还没有从国家中独立出来，人民的生活和国家的生活是直接同一的，一切领域都是政治性的。生活在这样一种伦理共同体之中，"自我"首先处在整体的关系结构之中，个人是"嵌入"在整体中的，每个个体则根据其在整体中所占据的位置，来确证自我认同的确定性、价值感和生活意义。麦金太尔对此给出了一个非常精准的说明：在古代和中世纪社会，"我是作为这个家庭、这个家族、这个氏族、这个部落、这个城邦、这个民族、这个王国的一个成员而面对这个世界的。把我与这一切分离开来，就没有'我'"③。在家庭生活之中，子女通常不会去质疑父母的权威是否正当，作为一个自然形成的有机共同体（家庭）的成员，父母天然就是家长，拥有主宰子女的"天赋"权威。与之相似，在伦理共同体之中，人们也会天然地将自己

---

① Charles Taylor. *Modern Social Imaginaries*, North carolina: Duke University Press, 2004, pp. 9–10.
② [古希腊]柏拉图：《理想国》，郭斌和、张竹明译，商务印书馆1986年版，第156页。
③ [美]麦金太尔：《德性之后》，龚群等译，中国社会科学出版社1995年版，第217页。

看作是一个有机共同体的成员，或者说，把自己看作是一个自然形成的"大家庭"的成员。如此一来，接受这个大家庭"家长"的权威，那也就是不容置疑的事情。

用丹尼尔·沙拉汉的话来说，在前现代社会，自我是一种"外在授权的自我"，即无论我该做什么或不该做什么，最终的裁判权并不在我自己身上，而是经由上帝或世俗权威所规定的。①这种自我概念只是沉浸在非主体的经验当中，没有任何具体化的、空间化的自我概念，从而也就不存在自觉的权利意识。萨拜因对此给出了一个恰当的说明："在这样一种社会生活中是有各种权利的，正如有各种义务一样，但是这些权利几乎不能从任何特殊意义上说是属于个人的。反之，它们是天生存在于个人所履行的劳务或职责之中。"②依附于人格化的权威，使人成为缺乏反思意识的被动存在者，这样就消解了外在实施的制度性规范与人的存在之间的界限。正是因为如此，在前现代的伦理共同体之中，如各种群体（国家、村社、宗族和家庭等）的各种制度，是否能够得到其成员认同不会成为一个问题，因为按照群体要求行事是每个人的义务。

当原始伦理共同体解体之后，人类社会就进入了黑格尔所说的"法权状态"。在法权阶段，"普遍物已破裂成了无限众多的个体原子，这个死亡了的精神现在成了一个平等〔原则〕，在这个平等中，所有的原子个体一律平等，都象每个个体一样，各算是一个个人（Person）"③。在《法哲学原理》中"法权状态"被改写为"市民社会"。在市民社会中，每个人都以自身为目的，追求自己利益的最大化，其他一切在他看来都是聊胜于无。然而，悖论在于，每个人都

---

① ［捷］丹尼尔·沙拉汉：《个人主义的谱系》，储智勇译，吉林出版集团有限责任公司2009年版，第72页。

② ［美］乔治·霍兰·萨拜因：《政治学说史》（上册），盛葵阳、崔妙因译，商务印书馆1986年版，第82页。

③ ［德］黑格尔：《精神现象学》（下卷），贺麟、王玖兴译，商务印书馆1979年版，第33页。

必须与他人发生联系，因为不同别人发生联系，就不能实现自己的全部目的。如此一来，其他人就被看成是实现自己目的的手段。每个人都把自己当成目的，把他人当成手段。从而每一个"特殊目的"在与他人的关系之中就取得了普遍性的形式，"并且在满足他人福利的同时，满足自己"[①]。由此可见，在黑格尔看来，处于法权状态下，一切等级观念都被消解，人与人之间的关系是完全平等的，不仅在肉体上是独立的，而且在精神上也是独立的，一切等级秩序都被认为是非法的了。

按照丹尼尔·沙拉汉的解释，"法权状态"是建基于"内在授权的自我"观念之上。"内在授权的自我"使人对外界神的祈求转向自我的筹划，即"我"的生活必须"我"自己负责。泰勒对伦理共同体向法权状态转变的复杂过程有着非常透彻的分析。[②]泰勒的研究表明，伦理共同体向法权状态转变过程是多个层面、多个因素相互纠葛、彼此互动的结果，这其中既体现了历史的连续性，又体现了较为明显的断裂，经过长达大约5个世纪之久的"长征"。它是在宗教改革、近代资本主义的发展以及现代科学技术的发展协同作用下，使个人从有机共同体中"脱嵌"出来，个人的"内在自我"被发现并被赋予独特的价值，获得了自我立法权。"个人"从前现代的整体宇宙秩序中脱离出来，将自身首先看作是"独立自由的个体"。自我被认为拥有裁判终极真理的权力，使那一度归于外界权威的权力归还给每个人自己，由此建构起了具有反思性的自我确认的概念，即"内在授权的自我"。

内在授权的自我观念，即主体性原则，黑格尔把它归于现代性的主导原则，包括四个方面："（a）个人（个体）主义：在现代世界中，所有独特不群的个体

---

① ［德］黑格尔：《法哲学原理》，范扬、张企泰译，商务印书馆1961年版，第197页。

② 参见Charles Taylor, *Sources of the Self : The Making of Modern Identity*, Cambridge: Harvard University Press, 1989); *The Malaise of Modernity* (Joronto: House of Anansi Press, 1991); *Modern Social Imaginaries*, North Carolina: Duke University Press, 2004; *A Secular Age*, Cambridge: Harvard University Press, 2007.

都自命不凡；（b）批判的权利：现代世界的原则要求，每个人都应认可的东西，应表明它自身是合理的；（c）行为自由：在现代，我们才愿意对自己的所作所为负责；（d）最后是唯心主义哲学自身。"① 主体性原则的确立，揭示了现代社会解放的内涵，一切未经接受和认可而强加于个人的都是非法的，现代的人从各种奴役当中解脱出来了。"所以，一切奇迹都被否认了：因为自然乃是若干已经知道和认识了的法则组成的一个体系；人类在自然中感到自得，而且只有他感觉自得的东西，他才承认是有价值的东西，他因为认识了自然，所以他自由了。"② 因此，在法权阶段，个体的主体自由就成了现代社会的规范性轴心原则，即私人权利认定的所作所为都是"对"的。正是在这个意义上，阿兰·克罗马蒂认为："正当性理论的核心是一种个体的自我观念"③。

简而言之，当伦理共同体被法权共同体取代，或者说，"外在授权的自我"成长为"内在授权的自我"的时候，"圣饼"就不过是面粉所做，"圣骸"只是死人的骨头。正如黑格尔所说："对于这个自我，一切约束都被撕破了，他只愿在自我欣赏的环境中生活着。"④ "上帝"被赶下圣坛，世俗的权威就成为可以质疑或批判的对象，一切权威都来源于"我们"的承认。正是基于此，人为建构的具有普遍约束力的制度规范，作为公共权力的具体化，影响着人们的利益实现，自然也就成为可以批判和质疑的对象，如果被认为不合理就必然会遭到反对和抵制。

马克思从历史唯物主义角度，用经济学的语言重写了现代性自我理解的形成史。马克思指出："人们的社会历史始终只是他们的个体发展的历史，而不管

---

① ［德］哈贝马斯：《现代性的哲学话语》，曹卫东等译，译林出版社2004年版，第20页。

② 转引自［德］哈贝马斯：《现代性的哲学话语》，曹卫东等译，译林出版社2004年版，第21页。

③ Alan Cromartie: "Legitimacy", in *Political Concepts*, edited by Richard Bellamy and Andrew Mason, Manchester: Manchester University Press, 2003, p. 94.

④ 转引自［德］哈贝马斯：《现代性的哲学话语》，曹卫东等译，译林出版社，2004年版，第22页。

他们是否意识到这一点。"①人是怎样的，归根结底取决于"生产什么"和"怎么生产"。随着生产力的发展，人的自我理解、人与人之间的关系都会发生改变。据此，马克思把人的发展史概括为三个阶段，即人对人的依赖、人对物的依赖以及人的自由全面发展。

人是感性生命的存在，生产生活资料的活动，是人类首要活动。然而，在人类发展的第一个阶段，智力和体力都存在显著不足，生产力发展水平极其低下，生产生活资料的活动必须以集体的形式进行。因此，"孤立的个人是完全不可能有土地财产的，就像他不可能会说话一样。……把土地当作财产，这种关系总是要以处在或多或少自然形成的或历史地发展了的形式中的部落或公社占领土地（和平地或暴力地）为中介。在这里，个人决不可能像单纯的自由工人那样表现为单个的点"②。单个人，只能作为共同体的一员才能活下来。自发分工超越了对血缘共同体的依赖，但取而代之的是宗法的或等级的共同体，形成了基于专制家庭、行会、国家等地域性共同体的人身依附关系。物质生产，既是生活资料的生产，也是人身依附关系的再生产，"物质生产的社会关系以及建立在这种生产的基础上的其他一切生活领域，都是以人身依附为特征的。而正因为社会建立在人身依附的基础上，所以一切社会关系就表现为人与人之间的关系。……人们在劳动中的社会关系清楚地表现为他们本身之间的个人的关系"③。这种人身依附关系由劳动生产力低下以及人与自然之间关系的狭隘性所决定，使得个人和社会都不可能有自由而充分的发展。

随着社会生产力的发展，封建土地所有制被更先进的资产阶级所有制所代替，交换价值取代了地租成了社会生产的主要目的，与之相应，金钱就成了支配和奴役人的抽象的或虚幻的"共同体"，在此基础上，人对人的依赖性也就被

---

① 《马克思恩格斯选集》第4卷，人民出版社1995年版，第532页。
② 《马克思恩格斯选集》第2卷，人民出版社2012年版，第737页。
③ 《马克思恩格斯全集》第49卷，人民出版社1982年版，第192–193页。

人对物的依赖性所取代,而对物的依赖性又为"独立的个人""原子式的个人"的产生奠定了基础。

第一,社会关系的全面物化。以交换价值为目的的生产,商品的顺利交换具有决定性意义,它不仅决定着生产资料和生活资料的再生产,也决定着劳动力的再生产。个人的活动及其产品,一切交换价值都不过是实现自己私人利益的手段,这样,交换价值就成了人与人之间唯一的社会联系,他人也成为实现私人目的的手段。"活动和产品的普遍交换已成为每一单个人的生存条件,这种普遍交换,他们的相互联系,表现为对他们本身来说是异己的、独立的东西,表现为一种物。在交换价值上,人的社会关系转化为物的社会关系;人的能力转化为物的能力。"[①]生产就是为了交换,从而个人一切特性都被消灭,为了交换价值,人的目的本身也被牺牲了。社会关系的全面物化,个人的那种狭隘的地方性联系也被否定,形成了建立在对物的依赖基础上的独立的个人。这种"独立的个人"就是以私人利益为核心原则建构起来的,马克思说:"每个民族的私人利益把每个民族有多少成年人就分成多少个民族。"[②]这也就是说,社会关系的全面物化,形成了有各种特殊利益诉求的个人。

第二,平等主体意识的形成。在商品经济条件下,"资本是一种社会权力",谁掌握了交换价值或货币,谁就拥有控制和支配别人的活动或财富的权力,并且这种权力与所掌握的交换价值或货币的量成正比,从而人与人之间的差别就只剩下一个方面的内容,即占有交换价值的多少。在"人对人的依赖阶段",血统差别、地位差别、教育差别、性别差别、种族差别等等,所形成的一切人对人依赖的纽带都被斩断,确立起自由、平等、公正的观念和意识。因为这样一种意识是商品经济发展的基本条件,所以在这个阶段,不同国家没有例外地都

[①] 《马克思恩格斯全集》第30卷,人民出版社1995年版,第107页。
[②] 《马克思恩格斯全集》第30卷,人民出版社1995年版,第109页。

把权利平等作为国家法律基本原则确立下来。也正是因为如此，在这个阶段的国家市民社会与政治国家的相互分离和相互对峙。"在古代国家中，政治国家构成国家的内容，并不包括其他的领域在内，而现代的国家则是政治国家和非政治国家的相互适应"[1]。作为"共同体"的国家承担的职责是调节市民社会的利益以及市民社会与政治国家之间的利益，"正是由于特殊利益和共同利益之间的这种矛盾，共同利益才采取国家这种与实际的单个利益和全体利益相脱离的独立形式，同时采取虚幻的共同体的形式"[2]。

第三，对象化思维意识的形成。马克思说："人对自身的关系只有通过他对他人的关系，才成为对他来说是对象性的、现实的关系。"[3]人与人之间是一个相互规定的对象性关系，主体生产（规定）对象，对象也生产（规定）着主体。但是由于生产过程中的异化，对象化的产品成为统治和奴役人的力量，人与他人之间的关系也被异化，每个人都把他人当成手段，力图通过"占有、支配"他人来为自己服务。这样一种对象化意识，实质上是把自己的利益凌驾于他人利益之上的不平等意识。马克思指出："这就象有人说：从社会的角度来看，并不存在奴隶和公民；两者都是人。其实正相反，在社会之外他们才是人。是奴隶或是公民，这是A这个人和B这个人的一定的社会存在方式。A这个人本身并不是奴隶，他在他所隶属的社会里并通过社会才成为奴隶。成为奴隶和成为公民，这是社会的规定，是A这个人同B这个人的关系。"[4]人由社会所规定、所生产，在"人对物的依赖阶段"，摆脱超经济的剥削，使人的主体意识得以形成，但由于社会关系的全面异化，自我意识和他者意识的显著不平衡，自我中心主义行为逻辑大行其道。

---

[1] 《马克思恩格斯全集》第3卷，人民出版社2002年版，第41页。

[2] 《马克思恩格斯选集》第1卷，人民出版社2012年版，第164页。

[3] 《马克思恩格斯文集》第1卷，人民出版社2009年版，第165页。

[4] 《马克思恩格斯全集》第47卷，人民出版社1979年版，第173页。

根据马克思的理论，人的发展的第三个阶段是"自由人的联合体"，"建立在个人全面发展和他们共同的、社会的生产能力成为从属于他们的社会财富这一基础上的自由个性，是第三个阶段"①。在这个阶段，既摆脱了对人的依赖性也克服了对物的依赖性，形成了自由人的联合体，每个人的自由成为他人自由的条件，个人之间的社会关系就不再是异于人的存在而成了人们自己的共同关系，接受大家的共同控制和协调。"任何一个存在物只有当它用自己的双脚站立的时候，才认为自己是独立的，而且只有当它依靠自己而存在的时候，它才是用自己的双脚站立的。"②当人依靠自己而存在，是"和自然界之间、人和人之间的矛盾的真正解决，是存在和本质、对象化和自我确证、自由和必然、个体和类之间的斗争的真正解决"③。在此发展阶段，因为生产力的巨大发展，消除了造成个人利益、特殊利益与共同利益之间对立的主体性和客观性条件。

当前人的发展处在黑格尔所讲的"内在授权的人"或者马克思所讲的"人对物的依赖阶段"，从以上的讨论可见，他们都有着强烈的权利意识，而且也有着自己特殊的利益，在政治国家中都理应得到平等对待。但这里的问题是，由于"我们"不是同质的个体集合概念，每个人都有着自己特殊的价值取向和利益偏好，而且它们之间通常是不可通约的。由此就产生了现代性的问题，即怎样才能实现个体自由与普遍秩序的统一，这成为一切现代性理论家所关注的一个核心问题。就本书的问题而言，法权人格的崛起，摆脱了对外在权威的人格依附，人成为一个积极的、具有反思意识的行动者。反思性自我的出现，使我们所生活的世界成为我们积极注视的对象，这样把"我们"与自己的现实境

---

① 《马克思恩格斯全集》第 30 卷，人民出版社 1995 年版，第 107—108 页。
② 《马克思恩格斯全集》第 42 卷，人民出版社 1979 年版，第 129 页。
③ 《马克思恩格斯全集》第 42 卷，人民出版社 1979 年版，第 120 页。

遇拉开了距离，①从而可以检查、判断、制约甚至更改我们的存在。现代性的自我不再是一个"被建构的存在物"，而是一个积极的能动者，人是"自我构成"或"自我制造"（self-constituting or self-made）的结果，即根据自己的态度和信仰建立秩序，对行动作出指引，以谋求自我实现。具有反思意识的法权人格把我们从对常识、习俗的毫无批判性的服从当中解放出来，成为常识的批判者和检验者，尽管它不否认必须要有常识和各种已经确立起来的制度，但这一切都只有经过理性批判才能被接受下来。由于现代人已疏离了传统社会的生活方式及其建立其上的传统价值观念，这样就消解了伦理共同体之中各种外在实施的制度性规范与人的存在之间的直接同一性。也就是说，外在实施的制度规范成为可以批判和质疑的对象，批判和质疑的标准就是每个行为者的内心信念。

正是因为如此，在现代社会，制度认同就成为一个非常要紧的问题：一方面，从原则上来说，只有制度性规范能够契合社会公意，使每个法权主体都能得到平等对待的时候，才可能获得认同；另一方面，每个法权主体都是平等、自主的行为主体，这就要求每个人所追求的幸福目标都应与他人的目标相一致，至少不以牺牲别人为代价，否则就如霍布斯所刻画的"自然状态"——人对人就像狼对狼一样——没有人能够获得真正的自由。由此表明，现代意义上的法权主体只有超越个人中心主义的立场，从主体性过渡到主体间性的立场上，才能使体现社会公意的制度规范获得社会认同。

二、主体间性与制度认同

现当代哲学获得了一个重大洞见：单个的主体既无法形成一条规则，也无

---

① 大卫·库尔珀把现代性的自我理解称为"间距性的自我理解"，就是指我们不会用社会给予物严格规范自己，不会把因袭传统当成自然之事。参见［美］大卫·库尔珀：《纯粹现代性批判》，臧佩洪译，商务印书馆2004年版，第22—23页。

法遵循一条规则。作为一个人为构造的权责体系和行为规范，制度规范反映的是对个人与共同体内其他人之间关系的主观理解。制度规范的有效性不可能归于单个主体或国家—社会层面上的宏观主体，而应建立在主体之间相互承认的经验基础之上。

在《哲学研究》中，维特根斯坦在论证"私人语言"的不可能性时，指出每个孤独的主体都不能够"独白性"地制定和遵循规则，离开与别人的语言游戏和主体间的交流互动，就不可能形成和遵循规则。他还指出："'遵从一条规则'也是一种实践。而认为自己在遵从一条规则并不是遵从一条规则。因此不可能'私自'遵从一条规则：否则认为自己在遵从一条规则就会同遵从规则成为一回事了。"① 这也就是说，要把一个人的行为纳入遵守规则的范畴，就必须要把其他人对他行为的反映也纳入遵守规则的范畴。"只有当我们有意义地假设另一个人可以发现我所遵守的规则时，才能有意义地说我在遵守规则。"② 哈贝马斯对这一观点作了非常精彩的阐发，他指出："一个主体如果能够遵守一条规则——也就是说，遵守同一条规则——的话，这条规则就必须对于至少两个主体而言主体间具有有效性。"③ 哈贝马斯所要辩护的核心观点是，规则的同一性取决于规则在主体间的有效性，而规则在主体间的有效性则要求一个主体（甲）在另一个主体（乙）的批判面前能成功地捍卫自己的主张和理由，且在没有外界压力的情况下，可以为另一主体（乙）所承认和接受，从而这一规则才是现实的；离开他人，离开社会不同行为主体之间的相互承认，既无法确切地知道一个人是否遵守一条规则，更无法保证规则的有效性。

其一，没有主体间性，就不存在制度规范。这里讲的不存在并不是"存在

---

① ［英］维特根斯坦：《哲学研究》，汤潮等译，生活·读书·新知三联书店1992年版，第110页。
② ［英］彼得·温奇：《社会科学的观念及其与哲学的关系》（第2版），张庆熊等译，上海人民出版社2004年版，第31页。
③ Jürgen Habermas. The Theory of Communicative Action, Volume 2, Boston: Beacon Press, 1987, p.18.

论"意义上的存在，而是就功能而言的，即有聊胜于无。童世骏针对哈贝马斯的规则观提出了三个核心观点：没有主体间性，就不知道某人是不是在"遵守一条规则"；没有主体间性，就无法形成"规则意识"；没有主体间性，就无法确定规则的正当性。①如果人们不知道是否遵守了规则、缺乏对规则的正确意识以及不知规则是否具有正当性，那么如此一来，规则的存在等于没有存在一样。胡塞尔说："每一个自我—主体和我们所有的人都相互一起地生活在一个共同的世界上，这个世界是我们的世界，它对我们的意识来说是有效存在着的，并且是通过这种'共同生活'，而明晰地给定着。"②人是社会的人，社会是人的社会，社会关系最为核心的就是人与人之间的关系，也就是"主体—主体"之间的关系。主体间性，超越了主体性思维（即奉行"主体—客体"思维模式，把他人客体化、对象化），形成交互主体性思维，即把每个人都看成是平等的存在，不同主体是相互需要的，每个人既是目的又是对方的手段，而不纯粹是目的或纯粹是手段。制度是用来规范和约束人的行为的，在离群索居的孤岛上，为什么不需要制定制度，就是因为那里没有人与人之间的关系。从本质上来说，制度规范就是人与人之间关系的固化和规范性表达。因为，现代社会人的主体意识已经被呼唤，作为人与人之间关系规范性表达的制度，如果它依然像存在人身依附关系的传统社会（或者外在授权的社会），区别对待不同的主体，就必然会遭到人们的反对。

其二，没有相互承认，就不存在制度认同。具有普遍约束力的行为规范，是社会有序运行的基本条件，因此，制度必须建基于主体间性之上，体现社会公共善，否则就不存在制度认同。然而，制度认同的形成还需要社会成员以主

---

① 童世骏：《没有"主体间性"就没有"规则"：论哈贝马斯的规则观》，载于《复旦学报（社会科学版）》2002年第5期。

② 转引自［美］弗莱德·R.多尔迈：《主体性的黄昏》，万俊人等译，上海人民出版社1992年版，第63页。

体间性为基础的相互承认。主体间性实质上是一种交互主体性，主体与主体之间相互承认和尊重对方的主体身份，共同主体性与个体主体性获得辩证统一，"个体之主体性只有在共体主体性里才成为现实的东西；共体主体性也只有在众多的个体主体性发挥中才成为现实的东西"[1]。不同主体之间必须以交互主体性作为必要的补充。比如美国政府曾出台取消一切公共场所的种族歧视政策，要求所有的电影院、餐馆必须向所有人开放。这一项基于主体间性的政策无疑体现了社会的公平正义，是一个"好"制度。但是，美国白人奉行白人"优越论"，反对和其他有色人种一起就餐、看电影等，从而这项"好"制度就没有获得美国白人公民的认同，因为白人公民把其他有色人都看成是低自己一等的人，不应该具有和他们一样的公民权利。遵守制度本质上是"一种不言自明的契约性协议，即我行为恰当，我也被恰当地对待"[2]。任何一项制度，作为公共权力的具体化，都是对所有社会成员的平等承认，它的运行自然需要其适用对象之间的相互承认。由此可见，不同主体之间不能形成建基于主体间性之上的交互主体性，即便制度本身充分体现着社会公平，也不会形成广泛的制度认同。

第一点强调的是制度本身体现主体间性之于制度认同的重要性，后者则凸显了社会成员超越主体性广泛形成交互主体性之于制度认同的重要性。总而言之，对于一种人为制定的、涉及权利和义务分配的制度性规则，除了规则本身的"意义"能够在行为者之间具有"理解共识"外，如在数列1、3、5、7后，大多数人都能够补上9、11、13、15等，还需要一种主体性的道德条件。制度关系并不

---

[1] 杨金海：《人的存在论》，广西人民出版社1995年版，第248页。
[2] ［美］詹姆斯·G.马奇、［挪］约翰·P.奥尔森：《重新发现制度》，张伟译，生活·读书·新知三联书店2011年版，第21页。

像数学及语言规则那样可以价值无涉，它所反映的是一种"道德联合"。①因此，制度认同的形成，不仅依赖于制度本身的特性，即制度性规则需要切中社会公意，而且需要一定的主体性道德条件，即公民之间能够实现相互承认。制度规范偏离社会公意而诉求一种特殊利益，不会获得社会认同，同样，没有公民之间的相互承认，体现社会公意的制度也不能获得社会认同。

所谓"相互承认"，就像黑格尔所指出的那样，"自我"与"他人"是一种互为前提的辩证关系，"自我"只有通过他人，从他人那里获得承认、确证时，才成其为"自我"，他不能在抽象的自我关系中形成，如果不超出自身，也就不会生成和认识自己，"我就是我们，而我们就是我"②。每个人都不是单数的、孤立自足的个人主体。每个人为了使自己能够得到他人的承认，就需要认识到社会成员之间的相互依赖性。也就是说，每个人不但把自己看成是法权主体，而且要把其他社会成员看成是与自己一样具有平等权利的享有者，平等地看待自己和他人的诉求，只有这样他才能成为真正的法权主体。因此，评判一种公共的行为规范，就应该建立在这样一种价值尺度之上，"正如对于人一切都是有用的，同样，对于一切人也是有用的，而人的规定、人的使命也就在于使自己成为人群中对公共福利有用的和可用的一员"③。他怎么对待自己，他就必须怎样对待他人，同时，他怎么对待别人，他也就在怎样对待自己。他把别人当成工具，利用别人，别人也把他当成工具，利用他。只有当我们认识到必须对他人承担义务的时候，自己才能成为权利的承担者。换言之，只有我们具有"普遍的他者意识"，让它教会我们共同体中其他成员像我们自己一样也是权利的承担

---

① 欧克肖特在其著名论文《论法治》中，通过比较"游戏规则"与法律之间的区别，确证了法律性规则的主要特征就是其实现的是人类之间的道德联合。参见［英］迈克尔·欧克肖特：《论法治》，载于《论历史及其他论文》，张汝伦译，上海译文出版社2009年版，第142—193页。

② ［德］黑格尔：《精神现象学》（上卷），贺麟、王玖兴译，商务印书馆1979年版，第122页。

③ ［德］黑格尔：《精神现象学》（下卷），贺麟、王玖兴译，商务印书馆1979年版，第98页。

者，我们才能成为"真正"的法人。相反，如果坚持启蒙哲学或主体性哲学思维的对象化逻辑，①坚持自我中心性和优先性的立场，那么任何一种旨在谋求公共善的制度都不可能获得社会认同。因为任何一种体现公共善的制度并不总是能够契合单个理性行为者的利益最大化行为策略的要求，也就是说，当每个人都坚持自我中心性的行为策略时，每一种制度化的相互承认要求都是个人实现的阻碍和限制性力量。

体现社会公共善的制度，虽然实现了制度化的相互承认，使每个社会成员在公共权力面前都得到平等对待，但如果缺乏社会成员之间的相互承认的主体性条件作为支撑，那么任何一种制度规范都不可能获得社会认同。在现代社会，民主制的有效运转及其秩序建构不仅需要"好"制度，还需要秉持公共理性行为指南的现代公民条件：作为现代社会的公民，能够宽容对待其他公民的民族、地区、种族或宗教等不同类型的差异；能够平等对待每一个他者并能积极与其合作、共事；具有促进公共福祉的意愿并且为了维护政治权威或公共利益能够积极参与政治活动、承担公民责任；无论是在生产活动还是在生活活动方面，如果个人的行为影响着生态环境、损害了他人的健康，都能够主动作出调整并勇于承担造成相应损害的责任。"如果没有具有这些素质的公民的支撑，民主制将步履维艰甚至遭到动摇。"②如果公民们对差异性失去宽容并且普遍缺乏正义感，如果公民对政治参与失去兴趣，如果公民不关心他人和社会利益，那么任何一种旨在谋求社会公共善的制度在他们眼里也就只不过是单纯的限制性因素，而不会得到社会认同。例如，在法国大革命的恐怖时期就是如此。当时一切才能方面和权威方面的区别都被废除，每个人任性追求的只是个人的抽象自由，

---

① 西方现代哲学中的"对象化逻辑"是一种主客二元对立的逻辑，在把自我确立为"主体"的同时，总是把自我之外的他者规定为"客体"。这是一种以自我为中心，把外在之物对象化的统治原则，每个人都把他人视为自我实现的工具。

② ［加］威尔·金里卡：《当代政治哲学》（下），刘莘译，上海三联书店2004年版，第512页。

否定一切组织性的权威，而且只要看到差别、不同，就认为侵犯了自己的自由，都要不顾一切地对其加以破坏或毁灭。"因此之故，法国的革命人士把他们自己所建成的制度重新摧毁了，因为每种制度都跟平等这一抽象的自我意识背道而驰。"① 任何制度建构出来的都是一套权责体系，权责之间的平衡是制度运转的前提条件。

因此，一个国家的公民之间能否实现相互承认，涵化出"普遍的他者意识"，超越自我中心性的立场，成为影响一种制度社会认同的主体性条件。这样一来，如罗尔斯所言，对于生活在理性多元化的现代社会的每个公民来说，都不得不承受一种康德意义上的"判断力的负担"，也就是说，由于人们的宗教信仰、接受的哲学价值观等存在差别，人们之间的世界观、合理善观念、价值取向等就可能相互区别，从而就要求每个人必须接受这种差异性并对它们保持宽容和承认。这就要求把康德的"判断力的标准"运用于制度的评价之上，这一标准包括三个方面，即：（1）自己思维；（2）在每个别人的地位上思维；（3）任何时候都与自己一致地思维。② 第一条准则就是永不被动的理性准则，当人们处于成见③之中，必须靠别人引导，就会对别人产生依赖。从而行动者之间达成理性共识的第一个条件就是得到启蒙，使每个人都能为自己立法。第二条准则要求，一个人"如果他能够把如此之多的其他人都如同被封闭于其中的那些主观个人的判断条件都置之度外，并从一个普遍的立场（这个立场他只有通过置身于别人的立场才能加以规定）来对他自己的判断进行反思的话"④，他所认同的制度就可以同样获得其他社会成员的认同，换言之，也只有这样外在实

---

① ［德］黑格尔:《法哲学原理》，范扬、张企泰译，商务印书馆1961年版，第15页。

② ［德］康德:《判断力批判》，邓晓芒译，杨祖陶校，人民出版社2002年版，第136页。

③ 康德认为:"对被动的理性、因而对理性的他律的偏好就叫作成见。"参见［德］康德:《判断力批判》，邓晓芒译，杨祖陶校，人民出版社2002年版，第136页。

④ ［德］康德:《判断力批判》，邓晓芒译，杨祖陶校，人民出版社2002年版，第137页。

施的行为规范才可能获得社会认同。虽然康德理论有一种"独白"的特征,但在我们看来,它的价值在于,如果一个人认同一种制度性规范,也就意味着他能够从所有相关者的角度加以证成。或许他的判断是错误,但这样一种素质或者说立场却是必需的,因为它为一切"好"的制度获得社会认同奠定了基础。

在哈贝马斯看来,基于自我中心性的制度认同仍然是受外在规则的盲目支配,因为他并不真正理解制度的"中介"功能。制度"中介"功能的发挥,以其普遍有效为前提,因此只有以超越任何限制的理想交往共同体作为标准的"后俗成的认同"[1],才能自主地建构起经得起交往同伴检验的伦理决定。[2] 而这取决于作为现代社会的平等而自由的所有资格主体能够从"个人主体性"过渡到"主体间性",从"个体理性"发展出"公共理性",才能使制度化的相互承认获得社会认同。这也就是说,一种好的制度要获得社会认同,需要理性行为者具有一种普遍化的他者意识,把每个社会成员都能当成与自己平等的资格主体,以此修正自我中心性的立场。因此,社会成员之间的相互承认是一种制度获得社会认同的主体性条件。

总之,现代性问题显现,即个体自由与普遍秩序之间的统一,不仅揭示了制度认同的正当性基础——必须体现社会公意,而且显明公民素质之于一种"好"制度获得社会认同的价值。接下来,我们具体分析公民素质与制度认同之间的关系。

---

[1] 科尔伯格基于主体间性类型和主体间期待类型将个体的道德意识分为前俗成的、俗成的、后俗成三个阶段,对应于前俗成阶段的,是关于特定行动及其结果的具体的行为期待;对应于俗成阶段的,是彼此相互联系的一般化了的行为期待,亦即规导行动的社会角色和社会规范;对应于后俗成阶段的是道德向度,它使得主体能够用普遍的道德原则来评价那些常常相互矛盾的特定规则。

[2] 参见童世骏:《批判与实践:论哈贝马斯的批判理论》,生活·读书·新知三联书店2007年版,第142页。

三、公民素质与制度认同

根据马克思主义理论，资产阶级政治革命把"现实的个人"二重化为"市民—公民"，作为市民，受"实际需要、利己主义是市民社会的原则"[①]所支配。因为，"任何一种所谓的人权都没有超出利己的人，没有超出作为市民社会成员的人，即没有超出封闭于自身、封闭于自己的私人利益和自己的私人任意行为、脱离共同体的个体"[②]。也就是说，市民，即与普遍利益相对立的人，他们是专注自我欲望的自私个体。在现代社会，公民则是政治普遍性的抽象，"每一成员都是人民主权的平等享有者"，即消除了一切规定性的平等的个体。马克思指出："市民社会的成员在自己的政治意义上脱离了自己的等级，脱离了自己真正的私人地位。只有在这里，这个成员才获得人的意义，或者说，只有在这里，他作为国家成员、作为社会存在物的规定，才表现为他的人的规定。"[③]市民社会的成员作为感性、"现实的个人"，是人的存在的本质性根据，然而，这需要他们能超出封闭的私人利益，才能成为积极的社会成员。

与人的二重化相对应，人的权利也被二重化了，其中一部分具有普遍性质的政治权利；另一部分则是排他性的私人权利。马克思指出，人权的"一部分是政治权利，只是与别人共同行使的权利。这种权利的内容就是参加共同体，确切地说，就是参加政治共同体，参加国家。这些权利属于政治自由的范畴，属于公民权利的范畴"[④]。人权的另一部分是自然权利，"人，作为市民社会的成员，即非政治的人，必然表现为自然人。……［人权］表现为……［自然权

---

① 《马克思恩格斯文集》第1卷，人民出版社2009年版，第52页。
② 《马克思恩格斯文集》第1卷，人民出版社2009年版，第42页。
③ 《马克思恩格斯全集》第3卷，人民出版社2002年版，第101页。
④ 《马克思恩格斯文集》第1卷，人民出版社2009年版，第39页。

利〕，因为有自我意识的活动集中于政治行为。利己的人是已经解体的社会的消极的、现成的结果，是有直接确定性的对象，因而也是自然的对象"[1]。人权是自然权利和政治权利的统一体，自然权利是政治权利的实质性内容，没有自然权利的政治权利是虚无；政治权利是自然权利的"保护性装置"，没有政治权利的自然权利则陷入"丛林法则"，使任何权利都不能实现。虽然这二者密切联系在一起，但是对于个体来说，对前者有着强烈的自然情感，对于后者则常常不得要领，从而会导致注意力的"内转"。

可见，公民权利的行使内含着相互承认的要求，并要求把公共善置于个人权利之上；个人权利则是一种竞争性权利，倾向于把个人权利置于公共善之上，把公民权利视为实现个人权利的手段。正是因为如此，产生了一种普遍现象：公民们对公民权利和个人权利的不平衡意识，使人们都倾向于追求自己利益的最大化，对他人利益和社会的公共利益则缺乏敏感。制度谋求的是社会公共善，如果公民们缺乏应有的公民素质，那么任何一种制度都不可能获得广泛认同。

具体来说，制度认同是行为者在认识并理解一种制度规范的客观内容和意义的基础上，因其契合行为者的价值偏好或利益需求（或二者兼而有之），并在制度实施的过程中证成行为者对制度规范认识性期待和规范性期待的一致性，实现制度价值的内在化，从而自愿承担遵守其规则的责任，不但使自己有意识的决定，而且使自己直接的、本能的欲望和冲动也能服从这一方向。但由于现代社会是一个理性多元化的社会，每个人都有着不同的规范性期待，如果缺乏一定的公民素质，在个体的规范性期待（ID_1，ID_2，ID_3…）与社会性的规范性期待（ID_S）之间就会存在难以逾越的鸿沟，而不能使二者之间取得一致，因为没有任何一种制度可以无差别体现各个个体的规范性期待，从而制度的社会认同就不可能实现。

---

[1] 《马克思恩格斯文集》第1卷，人民出版社2009年版，第45—46页。

现代社会的市场经济依赖于并强化着自我利益的中心化：一方面，受资源稀缺性的制约，你占有得多，他人就会占得少，这就意味着他人的需求可能得不到实现，个体之间的利益具有不可通约性，如霍布斯所说，什么令我们满意或不满意，根据在于我们的利益要求。除非能够达成休谟所设想的那种状态，即"大自然把所有外在的便利条件如此慷慨丰足地赠予了人类，以致没有任何不确定的事件，也不需我们的任何关怀和勤奋，每一单个人都发现不论他最贪婪的嗜欲能够要求什么或最奢豪的想像力能够希望或欲求什么都会得到充分的满足"①。只有摆脱了物资的匮乏状态，才能实现"每个人都是另一个人的另一个自我"，人们才会不只关注自己的利益。另一方面，每个人都会有自己的特殊利益诉求，而且人们通常都会将自己的利益诉求置于优先地位。经济上的自利及其相互间的冲突必然会渗透到政治领域当中，形塑着人们对公共权力运行规范的判断标准。

当然，仅仅从自我利益中心化考虑是不足以说明现实社会所有分歧的，西方国家围绕着堕胎合法化的政治争论就是一个明显的例子。亲生命的一方基于他们的宗教背景反对堕胎，而亲自由的一方则基于个人自由不可侵犯的理由，认为堕胎与否是个人的自由选择权，应该获得合法地位。用经济自利的理由来解释是不能令人满意的，因为无论是把胎儿视作经济利益品或相反，对方的观点都构成了一个相反的证据。他们的分歧只能用价值观的差异来解释，在这个例子当中反映的是人们对胎儿生命和妇女自由之间一种基本价值的冲突。如果公民所持有的价值观相互冲突，那么就会转化成人们判断标准的分殊，导致公民对于相同的政治决定和政策持有不同态度。即使人们拥有相同的价值观，也会由于它具有一定的不确定性，给个人判断和解释留有余地而产生分歧。罗尔斯说："在理性的个人中间，产生理性分歧的各种根源——即判断的负担——

---

① [美]休谟:《道德原则研究》，曾晓平译，商务印书馆2001年版，第35页。

乃是许多偶然未知因素，这些因素包含在我们于政治生活的日常进程中正确地（和正直地）行使我们的理性能力和判断能力的实践之中。"① "偶然未知因素"既包括个人认知方面、道德观和政治观的差异，又有个人的特殊境遇。这种"偶然未知因素"在一切社会都是存在的，但在现代社会，这些"偶然未知因素"对塑造个人的价值观进而对人们的规范性期待有着极其重要的影响。

利益诉求和价值取向的多元化，决定着现代社会的每个人都会有着不同的规范性期待。如此一来，每个行为者对一种公平正义制度的规范性期待"ID_1，ID_2，ID_3…"就可能与其认识性期待 IR 是不一致的。②那么，如何才能使谋求社会公共善的制度获得社会认同呢？因为囿于个人私利的行为者，或者像哈贝马斯所称的患上"私人症"的人，总是会采取机会主义的态度对待外在的行为规范，不可能对一种体现公共善的制度形成认同。机会主义的行为仅仅要求主体在被困扰的情况下创造性地谋求自身利益的最大化，平等的他者意识处于缺席状态，或者说公共的维度被遮蔽。

霍耐特指出："如果法律秩序可以被认为是有效的，如果法律秩序，仅仅在原则上能够得到其所囊括的全部个体的自由认可的程度上，依靠个体遵守法律的自觉意志，那么，我们就一定可以假设，这些法律主体至少都具有独立进行合理道德决断的能力。如果没有这样一种归属能力，就绝对不可想象主体是如何能够一致认同法律秩序的。"③由于自我利益和自我实现决定着又取决于"他者"利益的实现，正如马克思所说："人是一个特殊的个体，并且正是他的特殊性使他成为一个个体，成为一个现实的、单个的社会存在物，同样，他也是总体，观念的总体，被思考和被感知的社会的自为的主体存在，……又作为人的

---

① [美]约翰·罗尔斯：《政治自由主义》，万俊人译，译林出版社2000年版，第58页。
② "公意"与个体意志之间的关系可以证明这一点，参见本书的第二章。
③ [德]阿克塞尔·霍耐特：《为承认而斗争》，胡继华译，上海人民出版社2005年版，第120页。

生命表现的总体而存在一样。"①这就要求每个法律主体能够把他人看成是自由而平等的存在，因为法的命令从根本上来说是："成为一个人，并尊敬他人为人。"②马克思也曾指出，政治权利只是与别人共同行使的权利，"自由是可以做和可以从事任何不损害他人的事情的权利"③。因此，只有人们秉持公共理性的行为指南，才可能形成对体现社会公平正义制度的认同。因为如果公民能够秉持公共理性的行为指南，就能够"有意识地把涉及私人信仰的信念和能够纳入公共辩护的信念区别开来，同时也要求有意识地换位到具有不同宗教信仰和文化背景的人们的立场去看问题"④。以此，修正原初基于个人私利所形成的规范性期待，"以使他们把基于自利、偏见、无知或情绪冲动的要求与那些基于正义原则或基本需要的要求区分开来"⑤。

制度认同的形成依赖交互主体性的行为模式，如果现代社会的个人都囿于自我中心性的行为模式，任何一种"好"制度都不可能形成社会认同，因为"好"制度谋求实现的是社会公共利益，即所有社会成员利益的"重叠共识"部分，它不可能和每个个人利益高度契合，甚至还可能和某些利益相反对。制度是个人、他人与社会之间的中介，"ID_1，ID_2，ID_3…"与ID_S之间也需要有一种中介，即秉持公共理性的行为指南，坚持自己利益，同等对待他人利益，也同样捍卫公共利益，它们之间才能获得统一。因此，公民素质对于制度认同的形成有极其重要的意义。

第一，制度认同需要公民具备一定的理性认知能力。一个合格的公民，不仅需要清楚自己的利益是什么，还要能够了解他人利益、公共利益是什么，并

---

① 《马克思恩格斯全集》第3卷，人民出版社2002年版，第302页。
② ［德］黑格尔：《法哲学原理》，范扬、张企泰译，商务印书馆1961年版，第46页。
③ 《马克思恩格斯全集》第3卷，人民出版社2002年版，第183页。
④ ［加］威尔·金里卡：《当代政治哲学》（下），刘莘译，上海三联书店2004年版，第521页。
⑤ ［加］威尔·金里卡：《当代政治哲学》（下），刘莘译，上海三联书店2004年版，第523页。

明确它们之间的相互关系。这样，人们对于一项公共政策、法律是怎样处理各种利益的、原因是什么、是否公平合理等问题都有着清晰且正确的认识，才能够对"ID_1，ID_2，ID_3…"与ID_S之间的不一致形成正确态度。反之，如果人们对他人利益和社会公共利益一无所知，只知道自己的利益，那么人们就会依据"ID_1，ID_2，ID_3…"与IY之间的不一致，直接认为这种制度是不公正的。卢梭曾强调指出："常常是并不知道自己应该要些什么东西的盲目的群众——因为什么东西对于自己好，他们知道得太少了——又怎么能亲自来执行像立法体系这样一桩既重大而又困难的事业呢？……公意永远是正确的，但是那指导着公意的判断却并不永远都是明智的。"①由此可见，公民具备一定的理性认知能力，是弥合"ID_1，ID_2，ID_3…"与ID_S之间不一致的前提条件。

第二，制度认同需要公民具备较高的道德品德。公民具备一定的理性认知能力，才能发现"ID_1，ID_2，ID_3…"与ID_S之间不一致的原因及其合理性，但如果顽固坚持自我中心性立场，把自己的利益凌驾于他人利益和社会利益之上，那么就不能形成规范性期待与认识性期待的统一而制约着制度认同的形成。只有公民具备较高道德品德，才能把他人利益看得和自己的利益一样重要，才清楚个人利益只有依靠社会并通过社会才能实现。在李维书中有一则小故事，当卢修斯·朱尼厄斯·布鲁特斯把一专横的罗马皇室家庭成员驱逐出境而获得新共和国的执政官位置，当他的几个儿子牵扯进一场流产了的、企图复辟君主制的政变阴谋之中的时候，布鲁特斯陷入了一种两难的困境，因为作为执政官，他的职责是要通过判决、鞭笞和斩首他的几个儿子。尽管他像每一位父亲那样备受煎熬，但他没有退缩并履行了其作为公民应尽的责任。作为一名公民，无论个人利益具有多大的诱惑力，它都必须为社会公共利益让路。这是制度认同形成所必需的公民品德。

---

① ［法］卢梭：《社会契约论》，何兆武译，商务印书馆2003年版，第48—49页。

第三，制度认同需要公民积极参与公共事务。好公民除了将公共利益置于个人利益之上，还需要能够积极参与公共事务。从保障制度品性角度看，无论是从"公意"的发现和确证，还是确保制度"切合实际"，都需要公民能够积极参与制度建设相关的各种活动，才能保障建设出"好"制度，使其"所是"符合其"所应是"；从公民对制度的认知和理解来看，公民积极参与各种制度建设相关的活动，可以更为深刻地把握这项制度所欲解决的问题是什么、所要达到的目的是什么以及各方面的意见和要求又是什么，有了这样的充分信息，就可以极大增进公民对于制度的认识和理解，促进个人对制度的认知和理解（IR_1、IR_2、IR_3…）与制度之"所是"（IS）达成一致；从制度实施绩效来看，如果在制度实施的所有场景都有一定数量的公民在场，那么就能够有效防范制度实施自由裁量权的滥用，从而保障制度之"所是"（IS）达到其所实现的目标（IJ）。卢梭曾经指出，只要有人谈论国家大事时说："这和我有什么相干？"这个国家也就算完了。公民义务是公民素质的实际运用，公民积极参与公共事务，对制度社会认同意义重大。

第四，制度认同需要公民具有健康的制度意识。制度建构秩序，是现代社会运行的关键性力量，制度认同的形成还需要公民具备健康的制度意识。制度意识是关于制度本质、功能和地位的认识，主要包括三个方面的内容：（1）制度权威意识，制度本质上是公共权力的现实化和具体化，每个公民都应该敬畏制度，自觉遵守各项制度的规定，按照制度规定行事、按照制度规定履行职责；（2）制度平等意识，制度是现代社会秩序的建构力量，每项制度应该平等对待每位社会成员，每个人都应该一样遵守制度，违反了制度也要一样接受制度惩罚和处罚；（3）制度优化意识，任何制度都不可能完美无缺，制度建设不可能一蹴而就，都需要有一个发展完善的过程，但社会生活各个领域不可能片刻离开它，这就要求公民能够接受这一现实，能接受"不完善的美"并愿意贡献自己的力量推动制度的发展和完善。具有健康的制度意识，才能推进人民从宏观、他人和客观实际的层面更加深入地理解制度。

公民能够在社会背景下正确理解自我利益,认识到没有私人利益,社会不能有效地运作;但没有社会利益,自我利益就不能得到满足,公民必须按照公共善的要求行事,积极承担起对社会和他人的责任。当然,这并不是期望公民变得彻底无私并总是在行为上完全利他,但它确实意味着,公民必须承担起应有的责任,不仅要知道他们自己的个人利益是什么,也要能够知道共同体的利益是什么,并且愿意为了共同体的利益和他人的正当利益,自觉地承担起公民的责任,即便需要付出巨大代价。"好"的制度也只有当公民具有现代社会所需要的素质,即一定的理性认知能力和较高的道德品德,才能形成社会认同。然而,公民的素质本质上是一个历史性范畴,正如马克思所说:"个人怎样表现自己的生活,他们自己也就怎样。因此,他们是什么样的,这同他们的生产是一致的——既和他们生产什么一致,又和他们怎样生产一致。因而,个人是什么样的,这取决于他们进行生产的物质条件。"①人的素质从根本上受制于社会的生产方式,而生产方式是一个历史范畴。②尽管个人与其类存在应该是统一的,但由于异化劳动,不仅人同人相异化,人还把类生活变成维持个人生活的手段。"第一,它使类生活和个人生活异化;第二,把抽象形式的个人生活变成同样是抽象形式和异化形式的类生活的目的。"③因此,正是由于现代社会异化劳动的存在,"我"把他人当作自我实现的工具,同样,别人也把"我"当作其自我实现的工具。换言之,在马克思看来,只有消除异化劳动,才可以重建个人与他人以及与类存在之间的统一。

这也就是说,体现社会公共善的制度不可能自在地获得如霍耐特所说的法律

---

① 《马克思恩格斯全集》第3卷,人民出版社1960年版,第24页。

② 黑格尔和米德在考察"普遍化他者意识"时同样将其置于历史的视野之中,不过他们都是基于心灵的内省过程,缺乏客观的维度。

③ 《马克思恩格斯全集》第3卷,人民出版社2002年版,第273页。

主体的一致认同,由此彰显了教育之于制度认同的价值。教育主要是对人们的规范性期待发挥着作用,以便重建人们对制度的认识性期待与规范性期待的统一。

简而言之,公民之"公"要求具有强烈的公共意识和他者意识,能够理性地谋求自己的私人利益。只有"公民将在每个人都视之为政治正义观念的框架内展开他们的基本讨论,而这一政治正义观念则建基于那些可以合乎理性地期待他人认可的价值,和每个人都准备真诚捍卫的观念上"①。这也就是说,当公民们能够秉持公共理性的行为指南,体现社会公平正义的制度才会获得社会成员一致的认同,或者说,即便体现社会公平正义的制度并不吻合基于自利的规范性期待,公民们也会认同它,因为"懂得如何作为一位民主公民来表现自己的行为,包含着对公共理性之理想的理解"②。

小　结

制度认同能否形成,最终取决于每个社会成员的自身素质。靠强制和惩罚,获得的只是对制度的遵守,而且也只是机会主义的遵守。当外部条件都具备了,制度认同能否形成就取决于公民素质。现代社会公民的自我理解,使得一项谋求社会公共善的"好"制度要获得社会认同,已成为一个与公民素质紧密相关的问题。首先需要有能够正确认识和理解制度的能力,若公民没有一定的科学文化素质,隐藏在制度的规定及其条文(通常由专业化话语写成)中的信息就不能被充分解读出来,就缺乏对制度进行科学性批判和质疑的能力,不能对其"好"与"坏"作出准确分辨。制度谋求实现的都是社会的公共利益,然而,现代性个体自我理解导致了自我与他人、个人与社会关系理解上的失衡,公民若

---

① [美]约翰·罗尔斯:《政治自由主义》,万俊人译,译林出版社2000年版,第240页。
② [美]约翰·罗尔斯:《政治自由主义》,万俊人译,译林出版社2000年版,第231页。

能秉持公共理性的行为指南，积极参与公共事务，涵化出普遍化他者意识，重建心灵的理性秩序，以建构出具有公正性的制度规范评价标准，就可以超越自我中心性的行为策略。无论是认知能力、普遍化他者意识还是制度意识的培养，都需要公民积极参与公共事务，如果公民能参与到制度的制定、实施和管理等各个环节，对制度的评价自然就会客观公允，这样"好"制度也就能获得社会广泛认同。

进一步全面深化改革的总目标，是继续完善和发展中国特色社会主义制度，推进国家治理体系和治理能力现代化，为全面建成社会主义现代化强国奠定坚实基础。这也是为了更好满足人民群众对美好生活的期待，然而，这并不意味着每项制度与每个人的直接利益完全相同。因此，在以进一步全面深化推进中国式现代化进程中，增强社会大众对中国特色社会主义制度体系的认同，还必须加强公民教育。在不断提高公民科学文化素质的同时，努力培养公民对国家的责任感，让人们意识到每个社会成员对国家和社会都负有不可推卸责任，能够积极参与各种公共事务；努力培养权利与义务相统一的观念，让人们懂得没有不尽义务的权利，也没有不享有权利的义务，每个人都能把他人看成和自己是一样的平等主体；牢固树立集体主义信念，让人们懂得没有集体利益，就没有个人利益，也没有离开个人利益的集体利益。当社会成员都成为具有高度科学文化素质和道德素质的公民时，"私人化"之症就会克服，体现社会公平正义的制度，也就能获得社会成员的高度认同了。

结 束 语

生产和生活方式的现代转型，传统社会中规范和约束人行为的各种制度资源的力量已式微，现代社会健康运行主要依靠人为制定的正式制度。然而，人为制定的各种制度要成为秩序的建构性力量而不是相反，就必须被人们认同。外在实施的制度规范的认同是建立在人们对其认识性期待和规范性期待统一的基础上，并且这种统一在制度实施的过程中能够得到经验反复证成，从而实现其价值规范的内在化，成为人们自觉自愿的行为指南。

制度认同包含着认识性期待、规范性期待和制度绩效三个方面构成性要素以及"制度—中介—主体"三个关键环节。

从"制度"来看，民主化程度对制度认同有着重要意义：制度制定过程的民主化，可以有效防范特殊利益的侵扰，是发现公意并使其制度化的根本性途径，促进制度实现正当性和科学性的统一，即保障制度之"所是"（IS）与"所应是"（IY）相一致；制度制定过程中的广泛民主协商，可以推进制度相关信息的对称化，增进社会公众对制度形成正确的理解和认知，有效消除制度信息的非对称性，即保障制度之"所是"（IS）与人们对制度认识和理解（IR）相吻合；在制度实施环节，民主化可以有力保障和监督制度实施的规范化和正确性，避免自由裁量权的滥用，监督制度执行过程不变样、不走形，从而可以保障"好"制度产生"好"效果，即保障制度之"所是"（IS）与其实施效果（IJ）相吻合。

从"中介"来看，意识形态工作可以从两个方面影响制度认同的生成：宣传和教育可以实现主流意识形态的领导权，置换社会自发意识，这其中包含着一个对于制度认同极其重要的环节，即在全社会形成具有高度共识的核心价值观，从而塑造个人的规范性期待，即促进"ID_1, ID_2, ID_3…"与ID_S之间获得统一；意识形态工作可以更加有效地对制度进行"广而告之"，帮助人们形成对制度的正确理解、促进制度信息的对称化，使各个地方、各个阶层的人对制度的理解形成共识，即促进"IR_1, IR_2, IR_3…"与IS之间获得统一。可见，提高意识形态的科学性、加强对意识形态工作的管理，对于实现社会成员关于制度认识性期待和规范性期待的统一意义重大。

从"主体"来看，公民素质的高低影响制度认同的生成，制度谋求的是社会公共善，只有公民超越自我中心性立场，好制度才能获得社会认同：首先需要有能够正确认识和理解制度的能力，没有一定的科学文化素质，隐藏在制度的规定及其条文（通常由专业化话语写成的）中的信息就不能被充分解读出来，就缺乏对制度进行科学批判和质疑的能力，不能对其"好"与"坏"作出准确分辨；现代性个体自我理解导致了自我与他人、个人与社会关系理解上的失衡，从而公民能否秉持公共理性的行为指南，积极参与公共事务，涵化出普遍化他者意识，重建心灵的理性秩序，建构出具有公正性的制度规范评价标准，以超越自我中心性的行为策略，对于制度认同的形成有着决定性作用。

接下来，根据上述研究，我们给出几点增进制度大众认同的对策建议：

第一，加强社会主义核心价值体系建设以实现价值整合。价值多元化已成为我国当下社会的一个不争事实，应该说，这是社会进步的反映。但对于增进制度认同却是一个难题，因为社会成员秉持的价值观越是多元化，意味着人们的规范性期待就越是多元化。它们之间经常是互不通约、相互冲突的，在这种背景下，要让人们认同基于特定价值取向的制度规范性，就是异常困难的。因此，必须加强社会主义核心价值体系建设，以使人们能在社会重大议题上形成价值共识，并使人们在各种价值冲突之中能够找到评判的依据，即使制度之"应当"和社会大众之期待能够统一起来。

第二，加强国家能力建设以实现社会利益整合。在社会主义市场经济体制下，社会成员利益分化加剧，这在一定程度上会造成人们规范性期待的多元化（不同阶层的人对好生活的定义存在显著差异）。加强国家能力建设，能够提高政府再分配的能力，协调利益差别，不断提高老百姓普遍关心的民生保障水平，发展好、保护好、维护好人民群众的根本利益。随着经济社会的发展，老百姓生活水平都能够明显改善，这样会增强社会的韧性。因为，人民群众能够客观公正地去看待各种差别，会对人们的规范性期待发挥调节作用。

第三，加强制度实施过程监督。建设出"好"制度不容易，但要使"好"制度总是能够产生好结果更加不易。由于制度实施环节涉及人员众多，他们素质参差不齐，且都还具有一定的自由裁量权。腐败行为、自由裁量权的误用，都会极大影响着制度实施的效果，使"好"制度无法产生"好"效果。无论是遏制腐败行为，还是保障自由裁量权的正确使用，都需要加大对制度实施过程的监督和管理。加强制度实施过程监督和管理，应该广开门路，让广大人民群众能够非常方便地参与进来。社会力量的引入，可以弥补制度化监管力量的不足。

第四，加强制度认同教育。制度认同需要教育，因为公民自发认同的形成需要条件、时间，而这些条件有时不能自发生成。制度认同教育，不仅要让广大人民群众能够正确理解制度，还要帮助人们摆脱自我中心主义的规范立场。在人对物的依赖阶段，个体自我理解导致了自我与他人、个人与社会关系理解上的失衡，人们常常会把自己的利益和他人的利益、把自己的利益与普遍利益对立起来。所以，在制度建设的过程中，不仅要防止特殊利益僭越普遍利益，还要通过制度认同教育让人们认识到个体利益与普遍利益之间的根本一致性，否则，"好"制度也会被人们认为是"坏"制度而无法赢得人民群众的自觉支持与拥护。

参考文献

[1]《马克思恩格斯选集》(第1—4卷),人民出版社,1995。

[2]《马克思恩格斯全集》第3卷,人民出版社,2002。

[3] 马克思:《资本论》第1卷,人民出版社,2000。

[4] 柏拉图:《理想国》,郭斌和、张竹明译,商务印书馆,1986。

[5]《柏拉图全集》第3卷,王晓朝译,人民出版社,2003。

[6] 亚里士多德:《尼各马可伦理学》,廖申白译,商务印书馆,2003。

[7] 亚里士多德:《政治学》,吴寿彭译,商务印书馆,1965。

[8] 卢梭:《社会契约论》,何兆武译,商务印书馆,2003。

[9]《康德著作全集》第6卷,李秋零主编,中国人民大学出版社,2007。

[10] 康德:《实践理性批判》,邓晓芒译,杨祖陶校,人民出版社,2003。

[11] 康德:《纯粹理性批判》,邓晓芒译,杨祖陶校,人民出版社,2004。

[12] 康德:《历史理性批判文集》,何兆武译,商务印书馆,1990。

[13] 费希特:《自然法权基础》,谢地坤等译,商务印书馆,2004。

[14] 黑格尔:《精神现象学》,贺麟、王玖兴译,商务印书馆,1979。

[15] 黑格尔:《法哲学原理》,范扬、张企泰译,商务印书馆,1961。

[16] 黑格尔:《小逻辑》,贺麟译,商务印书馆,1980。

[17]《黑格尔政治著作选》,薛华译,中国法制出版社,2008。

[18] 托克维尔:《论美国的民主》,董果良译,商务印书馆,1988。

[19] 托克维尔:《旧制度与大革命》,冯棠译,商务印书馆,1992。

[20] 孟德斯鸠:《论法的精神》(上册),张雁深译,商务印书馆,1959。

[21] 查尔斯·泰勒:《自我的根源:现代认同的形成》,韩震等译,译林出版社,2001。

[22] 马克斯·韦伯:《经济与社会》,林荣远译,商务印书馆1997年版。

[23] 马克斯·韦伯:《学术与政治》,冯克利译,生活·读书·新知三联书店,2005。

[24] 马克斯·韦伯:《新教伦理与资本主义精神》,于晓等译,生活·读书·新知三联书店,1987。

[25] 哈贝马斯:《公共领域的结构转型》,曹卫东等译,学林出版社,1999。

[26] 哈贝马斯:《合法化危机》,刘北成、曹卫东译,上海人民出版社,2000。

[27] 哈贝马斯:《包容他者》,曹卫东译,上海人民出版社,2002。

[28] 哈贝马斯:《交往行为理论》(第1卷),曹卫东译,上海人民出版社,2004。

[29] 约翰·罗尔斯:《正义论》,何怀宏等译,中国社会科学出版社,1988。

[30] 约翰·罗尔斯:《道德哲学史讲义》,张国清译,上海三联书店,2003。

[31] 约翰·罗尔斯:《政治自由主义》,万俊人译,译林出版社,2000。

[32] 诺贝特·埃利亚斯:《个体的社会》,翟三江等译,译林出版社,2003。

[33] 米尔恩:《人的权利与人的多样性》,夏勇等译,中国大百科全书出版社,1995。

[34] 乔治·米德:《心灵、自我与社会》,赵月瑟译,上海译文出版社2005年版。

[35] 曼纽尔·卡斯特:《认同的力量》(第2版),曹荣湘译,社会科学文献出版社,2006。

[36] 夸梅·安东尼·阿皮亚:《认同伦理学》,张容南译,译林出版社,2013。

[37] 迈克尔·布若威:《制造同意》,李荣荣译,商务印书馆,2008。

[38] 谢·卡拉-穆尔扎:《论意识操纵》,徐昌翰等译,社会科学文献出版社,2004。

[39] 约翰·汤普森:《意识形态与现代文化》,高铦等译,译林出版社,2013。

[40] 爱德华·希尔斯:《论传统》,傅铿等译,上海人民出版社,1991。

[41] 爱弥尔·涂尔干:《宗教生活的基本形式》,渠东等译,上海人民出版社,2006。

[42] 詹姆斯·G.马奇、[挪]约翰·P.奥尔森:《重新发现制度》,张伟译,生活·读书·新知三联书店,2011。

[43] 杰克·奈特:《制度与社会冲突》,周伟林译,上海人民出版社,2009。

[44] 斯科特:《制度与组织:思想观念与物质利益》(第3版),姚伟等译,中国人民大学出版社,2010。

[45] 古斯塔夫·勒庞:《乌合之众:大众心理学研究》,冯克利译,中央编译出版社,2005。

[46] 理查德·桑内特:《公共人的衰落》,李继宏译,上海译文出版社2008年版。

[47] 万克尔·波兰尼:《个人知识:迈向后批判哲学》,许泽民译,贵州人民出版社,2000。

[48] 安东尼·吉登斯:《现代性的后果》,田禾译、黄平校,译林出版社2000年版。

[49] 丹尼尔·沙拉汉:《个人主义的谱系》,储智勇译,吉林出版集团有限责任公司,2009。

[50] 恩斯特·卡西尔:《人论》,甘阳译,上海译文出版社,2004。

[51] 哈耶克:《通往奴役之路》,王明毅等译,中国社会科学出版社,1997。

[52] 哈耶克:《个人主义与经济秩序》,邓正来译,生活·读书·新知三联书店,2003。

[53] 哈耶克:《法律、立法与自由》,邓正来等译,中国大百科全书出版社,2000。

[54] 莫里斯:《开放的自我》,定扬译,上海人民出版社,1965。

[55] 波普尔:《开放社会及其敌人》第1卷,陆衡等译,中国社会科学出版,1999。

[56] 阿米·古特曼、[美]丹尼斯·汤普森:《民主与分歧》,杨立峰,等译,东方出版社,2007。

[57] 威尔·金里卡:《当代政治哲学》,刘莘译,上海三联书店,2004。

[58] 富勒:《法律的道德性》,郑戈译,商务印书馆,2005。

[59] 柯武刚、[德]史漫飞:《制度经济学:社会秩序与公共政策》,韩朝华译,商务印书馆,2000。

［60］鲍桑葵:《关于国家的哲学理论》,汪淑钧译,商务印书馆,1995。

［61］弗里德曼:《法律制度——从社会科学角度观察》,李琼英等译,中国政法大学出版社1994年版。

［62］卡罗尔·佩特曼:《参与和民主理论》,陈尧译,上海人民出版社,2006。

［63］阿尔布莱希特·韦尔默:《后形而上学现代性》,应奇、罗亚玲译,上海译文出版社,2007。

［64］麦金太尔:《追寻美德》,宋继杰译,译林出版社,2003。

［65］让·马克·夸克:《合法性与政治》,佟心平等译,中央编译出版社,2002。

［66］克里斯蒂娜·科尔斯戈德:《规范性的来源》,杨顺利译,上海译文出版社,2010。

［67］迈克尔·希尔:《理解社会政策》,刘升华译,商务印书馆,2003。

［68］帕特丽夏·H.桑顿、［加］威廉·奥卡西奥、［加］龙思博:《制度逻辑》,汪少卿等译,浙江大学出版社,2020。

［69］吴逊、［澳］饶墨仕、［加］迈克尔·豪利特:《公共政策过程:制定、实施与管理》,上海人民出版社,2016。

［70］盖伊·彼得斯:《政治科学中的制度理论:新制度主义》(第2版),王向民等译,上海人民出版社,2016。

［71］费孝通:《乡土中国》,上海人民出版社,2007。

［72］赵汀阳:《论可能生活》,中国人民大学出版社,2004。

［73］梁漱溟:《东西文化及其哲学》,商务印书馆,2006。

［74］林火旺:《正义与公民》,吉林出版集团有限责任公司,2008。

［75］李景鹏:《权力政治学》,黑龙江教育出版社,1995。

［76］Hayek. F A V., "The Use of Knowledge in Society," *The American Economic Review*, Vol. 35, No. 4, 1945.

［77］Alicke M D., Dunning D A., Krueger J I., *The Self in Social Judgment*, Great Britain Psychology Press, 2005.

[78] Charles Taylor, *Sources of the Self : The Making of the Modern Identity*, Cambridge: Harvard University Press, 1989.

[79] Jesse Prinz, *The Emotional Construction of Morals*, Oxford University Press, 2007.

[80] Smith L., Vonèche J., *Norms in Human Development*, Cambridge University Press, 2006.

[81] Hacker. P M S., *Human Nature The Categorial Framework*, Blackwell Publishing Ltd, 2007.

[82] Samantha Besson, *The Morality of Conflict: Reasonable Disagreement And the Law*, Hart Publishing, 2005.

[83] John Rawls, *Political Liberalism,* Columbia University Press, 1996.

[84] Wolgast E H., "The Demands of Public Reason," *Columbia Law Review*, Vol.94, No. 6, 1994.

[85] Van Meter D S., Van Horn C E., "The Policy Implementation Process: A Conceptual Framework," *Administration and Society*, Vol.6,No.4,1975.